Cycling USA-3800 Kilometer mit dem Fahrrad von Seattle nach Tucson

Für Dette

Christoph Vitt

Cycling USA -

3800 Kilometer mit dem Fahrrad
von Seattle nach Tucson

Herstellung: Books on Demand GmbH, Norderstedt
ISBN: 3-8330-0573-4

Inhalt

Teil 1: Good to know – Vorbereitungen

Schon wieder ein Reiseführer?

Reiseführer für die USA gibt es wie Sand am Meer. Viele sind sehr umfangreich und entsprechend voluminös, fast alle sind mehr oder weniger allgemein gehalten. Hier hast du einen „speziellen“ Führer mit der Schilderung einer kompletten Radtour von Seattle bis nach Los Angeles oder Tucson in Arizona. Im ersten Teil dieses Buch versuche ich, dich auf die amerikanische Art, zu leben und zu denken vorzubereiten und zeige dir, wie du an weitere Informationen kommst. Im zweiten Teil des Buches schildere ich die Strecke und meine Erlebnisse auf dem Weg von Seattle/ WA nach Tucson/ AZ mit Alternativen nach Los Angeles und Douglas an der mexikanischen Grenze.

USA mit dem Fahrrad- nur was für Verrückte?

So oder ähnlich waren die Kommentare, bevor ich zum ersten Mal die USA mit dem Fahrrad bereiste. Schließlich ist Amerika **das** Autoland (wie Deutschland) und in US- Großstädten ist es nachts gefährlich (wie in deutschen Großstädten). Damit mich niemand falsch versteht: Ich will die Gefahren, die in den USA real existieren, nicht herunterspielen oder ins Lächerliche ziehen. In den Großstädten bleibt man (und auch Frau!) nach Einbruch der Dunkelheit am besten im Motel, sofern man keine zuverlässige einheimische Begleitung hat.
Im ländlichen Raum habe ich jedoch bis jetzt nur gastfreundliche, hilfsbereite Leute getroffen und ich bin niemals bedroht oder beraubt worden.

Straßenverkehr, Camping, Motels, Jugendherbergen

Die Teilnahme am US- Straßenverkehr ist weitgehend problemlos, wenn die Verkehrsregeln beachtet werden. Amerikanische Besonderheiten sind zum Beispiel das Rechtsabbiegen an roten Ampeln, wenn es der Querverkehr erlaubt. An unbeschilderten Kreuzungen gilt nicht „Rechts vor Links", vielmehr hat derjenige die Vorfahrt, der meint, als Erster da gewesen zu sein. Im Zweifel verständigt man sich durch Handzeichen.

„Four way stops“ sind ähnlich, dort sind zusätzlich noch Stoppschilder in alle Richtungen aufgestellt. Wutausbrüche und Hupkonzerte wegen auf die Fahrbahn oder den Radweg laufender Passanten sind in den USA nicht üblich, man bremst oder weicht aus. Rücksicht auf den jeweils schwächeren Verkehrsteilnehmer wird großgeschrieben. Auf den Freeways in Washington, Oregon und Arizona ist das Radfahren erlaubt. In Kalifornien ist es verboten, wird aber meistens geduldet. Lass dich am besten nicht erwischen! Alkohol und Straßenverkehr passen auch in Amerika nicht zusammen und kann für Ausländer teuer und unangenehm werden, lass es einfach bleiben!

Die Entfernungen sind enorm, vor allem im Süden solltest du deshalb immer genügend Wasser und Nahrung bei dir haben. Campingfreunde kommen hier voll auf ihre Kosten, oftmals gibt es keine andere Übernachtungsmöglichkeit. Du solltest aber beim freien Campen auf Anhäufungen von leeren Bierdosen neben der Straße achten! Solche Stellen sind abendliche Treffpunkte für die motorisierte Dorfjugend, manchmal werden bei der Gelegenheit auch diverse „Schießübungen“ abgehalten. Das Zelten in der Nähe solcher „hangouts“ kann deshalb extrem nervig sein.

Privater Grundbesitz hat in den USA einen hohen Stellenwert. Vermeide es deshalb auf jeden Fall, dein Zelt, ohne den Besitzer zu fragen, auf privatem (eingezäuntem) Boden aufzustellen. Das wäre auch die einzige Methode, um ernsthaft Ärger mit dem Grundbesitzer zu bekommen. Besser ist es, zu fragen, meistens gibt es dann das

Abendessen und Familienanschluss gratis dazu. Solltest du in den Genuss einer Privatunterkunft kommen, achte darauf, die Zimmertüren hinter dir **nicht** zu schließen, das würde als grobe Unhöflichkeit gewertet. Ausnahmen bestätigen auch hier die Regel, z.B. beim Duschen oder auf dem WC!!! (Ist eigentlich selbstverständlich, oder?)
Wo es keine Campingmöglichkeiten gibt, kannst du relativ günstig in Motels übernachten, die es in jeder Kleinstadt an der Hauptstraße gibt. Die Preise variieren je nach Bundesstaat und Motel zwischen 25 und 60 US $. Viele Motelketten bieten zusätzliche „Serviceleistungen" an, z. B. ein gratis „continental breakfast", was meistens aus einem Donut und einem Becher Kaffee besteht. Beliebt sind auch „free HBO" und „in-room-refrigerator". HBO ist ein Fernsehsender, der werbepausenfreie Spielfilme ausstrahlt. Die Qualität der Filme wird dadurch aber auch nicht besser. Und Kühlschränke im Zimmer sind kein Luxus, sondern amerikanischer Standard.

In Indianerreservaten ist Einiges anders: Indianer legen großen Wert darauf, eine eigene Nation zu sein. Sie haben eine eigene Polizei und eigene Gesetze. Das für dich wichtigste Gesetz lautet: Weisse dürfen im Indianerland nicht frei zelten! Die Campingplätze in den Reservaten sind deshalb obligatorisch für dich!

Wenn du in großen Städten wirklich günstig übernachten willst, kannst du dich in Jugendherbergen einquartieren. Dieses System funktioniert auch in den USA. Viele Herbergen haben sowohl Betten in Vierbettschlafräumen als auch Zweibettzimmer zu vermieten.
Im Internet bekommst du unter: **www.a-hostel.de** eine nach Städten geordnete Übersicht über Hostels in den USA. Die Häuser (und auch die Zimmer) sind darin gut beschrieben. Außerdem kannst du den Belegungsstatus jedes Hostels abfragen und Reservierungen vornehmen.

Essen, Trinken, Restaurants, US-Knigge

Alkohol (auch Bier!) in der Öffentlichkeit ist meistens verboten und immer verpönt! Das Gleiche

gilt für alkoholfreies Bier. Trinkst du trotzdem eine Dose Bier in der Öffentlichkeit und wirst dabei vom Sheriff erwischt, bekommst du eine Geldstrafe aufgebrummt. Außerdem gibt es in den USA viele Läden und Tankstellen, die nur eine Lizenz zum Verkaufen von Bier, aber nicht für dessen Verzehr, haben. Lässt du dich vor solch einem Laden beim Biertrinken erwischen, bekommt der Ladenbesitzer großen Ärger, bis zum Verlust der Lizenz!
Bei Restaurantbesuchen wartet man im Eingangsbereich, bis man von der Bedienung begrüßt wird und einen Platz zugewiesen bekommt. Wer dieses Procedere missachtet, wird den Rest des Abends von der Bedienung ignoriert und bleibt hungrig.
Beim Essen wird zuerst alles mit Messer und Gabel zerkleinert, um es dann mit der Gabel aufzupicken. Trinkgelder (ca. 10%) sind in Restaurants üblich, die Bedienungen bessern damit ihr knappes Gehalt auf.

Amerikaner leben anders und denken anders als Europäer. Sie sind meistens stolz auf ihre Geschichte, auf ihr Land, auf ihre Flagge, auf ihren Präsidenten usw.. Bei Gesprächen mit US-Amerikanern solltest du deshalb deine „deutschen" Ansichten über Gott und die Welt im Allgemeinen und Amerika im Besonderen für dich behalten. Ironische Seitenhiebe deinerseits auf die amerikanische Umwelt- und Außenpolitik und erst recht auf die Innenpolitik sind genauso überflüssig! Warte mit solchen Bemerkungen, bis du verstanden hast, wie Amerika „funktioniert" oder

bis du deinen Gesprächspartner genauer kennst, am besten Beides!
Du bist schließlich zu Gast in Amerika, also benimm dich auch so!

Drum prüfe, wer sich bindet - Materialwahl

Die meisten Straßen in den USA sind in gutem Zustand, theoretisch ist es möglich, mit dem Rennrad zu touren. Sinnvoll ist aber ein Trecking- oder Mountainbike, die Stabilitätsreserven sind einfach viel größer! Die Komponenten, also Naben, Schaltung, Bremsen u. s. w., müssen nicht das Teuerste sein, was der Markt hergibt, sollten aber robust sein. Lass die Finger von exotischen „superleicht- Tuningteilen “, besonders bei Felgen und Naben ist Vorsicht geboten. Der Gewichtsvorteil ist mit voller Beladung sowieso nicht spürbar und nur ganz wenige Hersteller beherrschen den Spagat zwischen Dauerfestigkeit und Gewichtsersparnis. Die Räder sollten 36 Speichen haben, eine geringere Speichenanzahl erhöht nur die Defektanfälligkeit. Als Speichen kommen nur solche aus Edelstahl in Frage, und zwar als „DD“-Speichen, die an den Enden 2 mm, in der Mitte 1,8 mm dick sind. Durch diese Materialverjüngung werden die Speichen elastischer, Speichenbrüche können so wirkungsvoll verhindert werden.
Die Reifen sollten robust und hochwertig sein,

damit du nicht 3× täglich flicken musst. Das Profil sollte leicht laufend sein, aggressive Stollenprofile geben dir höchstens im Stand an der Eisdiele einen Vorteil, während der Fahrt nerven sie nur mit hohem Rollwiderstand. Sie sollten nicht zu schmal sein, 40- 47 mm (ca. 1.75 Zoll) erscheinen mir optimal, schmalere Reifen haben kaum geringeren Rollwiderstand, sind aber deutlich defektanfälliger und verschleißen schneller. Auf weichen Sand- oder Kiespisten sind schmalere Reifen fast unfahrbar und unlenkbar, es geht fast nur noch im „Schiebegang" vorwärts. Bei genügend breiten Reifen kannst du dann noch etwas Luft ablassen. Die Fahreigenschaften werden dadurch wesentlich besser und der durch den geringeren Luftdruck etwas erhöhte Rollwiderstand ist auf Pisten zu vernachlässigen. Bei den Reifendrücken solltest du dich an den Maximal- und Minimalwerten orientieren, die bei Markenreifen auf den Flanken aufgedruckt sind. Vorsicht, bei radikal unter das Minimum abgesenktem Druck können die Reifenflanken schon nach 50 Km so beschädigt sein, dass sie aufreißen.

Außerdem solltest du **brauchbares** Werkzeug und die wichtigsten Ersatz- und Verschleißteile dabeihaben. Aufgrund der vielen unterschiedlichen Fahrradtypen kann ich hier keine komplette, allgemeingültige Auflistung geben. Als Beispiel dient meine eigene Ersatzteil- und Werkzeugliste am Ende dieses Kapitels. Am besten lässt du dich in dieser Sache von deinem Fachhändler beraten. Obligatorisch sind 3- 4 Speichen und Nippel in den passenden Abmessungen für beide Räder, jeweils 1 Schalt- und Bremszug, eine Auswahl der gängigsten Schrauben, reißfestes Klebeband (Gewebeband), 1 Ersatzschlauch und genügend Flickzeug. Es empfiehlt sich, mehrere kleine Tuben Gummilösung statt einer großen mitzunehmen. Eine angebrochene Tube ist in der Tageshitze im Süden der USA nach spätestens einer Woche eingetrocknet. Auch wenn du kein(e) begnadete(r) Schrauber(in) bist, solltest du Werkzeug und Ersatzteile auf jeden Fall mitnehmen, im Ernstfall findet sich immer jemand, der dein Rad reparieren kann. Wenn du aber jemanden auftreiben musst, der schrauben kann **und** die passenden Ersatzteile hat, hast du wahrscheinlich ein Problem ...

Werkzeug- und Ersatzteilliste

- je 1 Inbusschlüssel 3, 4, 5, 6 mm
- je 1 Schraubendreher Schlitz und Kreuzschlitz Nr. 3
- 1 Rollgabelschlüssel (Engländer) bis 17mm
- 1 Konusschlüssel 14 mm
- Kettenpeitsche und Zahnkranzabnehmer
- Kettennieter
- Nippelspanner
- Reifenmontierhebel
- Luftpumpe
- 1 Schaltzug
- 1 Rolle Gewebeband
- 4 Speichen+ Nippel passend für Vorder- und Hinterrad
- 1 Kette, wird nach 2000 Km getauscht
- 1 Schlauch
- Flickzeug und 3 kleine Tuben Gummilösung

Erste Hilfe und Medizin

Genauso, wie du für dein Fahrrad alles Notwendige mitnimmst, solltest du auch auf eigene, medizinische Notfälle vorbereitet sein. Keine Angst, du brauchst kein Medizinstudium, aber etwas Vorbereitung muss schon sein. Du solltest auf jeden Fall einige Verbandpäckchen in verschiedenen Größen mitnehmen und auch bei dir selbst anlegen können! Speziell bei Hand- oder Armverletzungen ist etwas Übung vonnöten, weil du im Extremfall allein auf weiter Flur stehst und nur eine Hand frei hast, weil die andere ja verletzt ist. Also zu Hause das Wickeln üben! Etwas Desinfektionsspray gehört natürlich auch ins Gepäck. In Apotheken gibt es 50 ml- Sprühflaschen, so ein Fläschchen reicht vollkommen aus und nimmt fast keinen Platz weg! Für den kleinen Notfall zwischendurch solltest du einige Pflaster dabeihaben. Eine Pinzette wäre auch nicht schlecht, z. B. um damit Sand und Steinchen aus Schürfwunden (nach einem Fahrradsturz) zu entfernen.
Damit ist deine Grundausstattung komplett. Zusätzlich wäre ein Schlangenbiss- Set nicht schlecht, es ist für ca. 15 € bei jedem Outdoorversand erhältlich.
Die Handhabung solltest du auf jeden Fall Zuhause üben.
Leistungsabfall, Müdigkeit und Muskelkrämpfen kannst du vorbeugen, wenn du bei starkem Schwitzen Magnesiumtabletten im Trinkwasser auflöst. Bis zu 160 mg, auf den Tag verteilt, sind problemlos möglich.

Am besten sprichst du mit deinem Hausarzt darüber.
Wahrscheinlich wirst du dein Erste- Hilfe Paket nicht brauchen, aber „better be safe than sorry!“. Auf jeden Fall solltest du ein zuverlässiges Wasserentkeimungsmittel mitnehmen **und benutzen**, weil die Trinkwasserqualität in den Wüstengebieten oft stark schwankt.

Erste- Hilfe- Liste

- je 2 Verbandpäckchen klein, mittel, groß
- Pflaster für kleinere Wunden
- 1 Rolle Heftpflaster
- 1 Flasche Desinfektionsmittel (50 ml)
- Schlangenbiss- Set
- genügend Magnesiumtabletten
- 1 spitze Pinzette
- genug Wasserentkeimungsmittel, z. B. Certisil oder Aquamira. Micropur wirkt nicht sicher gegen „Giardia lamblia“, einen Keim, der fast alle Quellen in Amerika bevölkert und heftigste Durchfälle verursacht.

Das Ganze sollte wasserdicht und chaotensicher, aber gut erreichbar verpackt werden, schließlich hängt im Ernstfall deine Gesundheit davon ab!
Wenn du mehr über „Outdoormedizin“ wissen möchtest, solltest du das Buch „Wo es keinen Arzt gibt“ von D. Werner (Reise know- how) lesen und verstehen.

Das Wichtigste zum Schluss:
Schließ eine Auslandskrankenversicherung ab! Deutschland hat mit den USA kein Sozialabkommen, deshalb kommt deine normale Krankenkasse nicht für Krankenhauskosten und Medikamente in den USA auf. Medizinische Behandlung in den USA ist sehr teuer und die Ärzte haben das Recht, die Behandlung zu verweigern, wenn die Finanzierung ungeklärt ist. Auslandskrankenversicherungen werden von vielen Gesellschaften angeboten und kosten ab 8 € für 6 Wochen.

My home is my castle - Zelt, Kocher und Anderes

Über kein Thema wird so viel und so kontrovers geschrieben wie über die Campingausstattung. Deshalb möchte ich hier nur einige Grundüberlegungen anführen:

Kuppelzelte sind von allen Seiten gleich windunempfindlich und stehen mit den wenigsten Häringen, notfalls auch ganz ohne. Das Zelt sollte eine große Apsis haben, um dort bei schlechtem Wetter kochen zu können und um schmutzige Ausrüstungsteile regensicher deponieren zu können. Alle Leichtzelte haben einen dünnen, relativ empfindlichen Boden, deshalb gehört eine Unterlegplane zum Schutz vor Schmutz und spitzen Steinchen unter das Innenzelt. Egal, für welches Zelt du dich entscheidest, nimm genügend Häringe und Leinen mit, um dein Zelt auch bei stärkerem Wind sicher aufbauen zu können! Nicht lachen, sondern kontrollieren!

Schlafsäcke mit Kunstfaserfüllung isolieren nicht ganz so gut, wie Daunenschlafsäcke, sind aber pflegeleichter. Kunstfaserschlafsäcke isolieren auch in feuchtem Zustand noch ganz gut und sind meistens etwas leichter.

Unterlagen sollten leicht und gut isolierend sein, gleichzeitig ist ein kleines Packmaß von Vorteil. Unter diesen Gesichtspunkten kommen eigentlich nur selbstaufblasende Unterlagen in Frage. Sie sind zwar etwas teuer, der Schlafkomfort auf so einem Teil ist aber fast wie zu Hause. Das einzige, was so eine „Matratze“ nicht mag, sind scharfe und spitze Gegenstände.

Kocher lassen sich in drei Gruppen einteilen:

Gaskocher: Sie werden mit Gaskartuschen betrieben. Ist so eine Gaskartusche leer, wandert sie in den Müll. Ersatzkartuschen sind nicht überall zu bekommen und relativ teuer.

Spirituskocher sind einfach zu bedienen und bei Temperaturen über 5° C und in nicht zu großen Höhen problemlos, der Brennstoff ist günstig und in wechselnder Qualität fast überall zu bekommen.

Benzin- und Dieselkocher haben eine sehr gute Heizleistung und funktionieren bei jedem Wetter, in jeder Höhe, problemlos. Der Brennstoff ist weltweit verfügbar. Pflege und Betrieb erfordern aber ein gewisses handwerkliches Geschick und technisches Verständnis. Du solltest Dich auf jeden Fall schon zu Hause mit den Wartungs- und Reinigungsarbeiten vertraut machen. Die „Startzeremonie“ solltest du auch zu Hause einüben, speziell das Vorheizen des Brennerkopfes erfordert ein genaues Timing, sonst gibt es Stichflammen! Passiert dir so was im Zelt, wirst du ganz schnell obdachlos oder endest als „Kentucky fried Chicken“.

Maße und Gewichte

Die Amerikaner sprechen nicht nur eine andere Sprache, sie haben auch völlig andere Maß- und Gewichtseinheiten. Hier habe ich die Wichtigsten umgerechnet:

1 Meile (ml)	: 1.6 Kilometer
1 Fuß (ft)	: 0,33 Meter
1 Pfund (lbs)	: 0,455 Kilogramm
1 Gallone (gal)	: 4,25 Liter
32° F	: 0° C
68° F	: 20° C
104°F	: 40° C
Reifendruck:	
15 psi	: 1 bar
30 psi	: 2 bar
usw.	

Geld und Reisekosten

Die Währung (US- Dollar) ist seit Einführung des Euro relativ einfach umzurechnen, das Verhältnis $: € ist etwa 1:1. Die Preise sind auch ähnlich, alles was hier 1 € kostet, kostet in den USA 1 $.
Eine gültige **Kreditkarte** und **Travellerchecks** sind während des USA- Aufenthalts sehr hilfreich. Du musst auf diese Weise nicht soviel Bargeld mit dir herumtragen und das Begleichen größerer Summen ist wesentlich einfacher.
Die Dollarnoten unterscheiden sich nur durch den Wert, sowohl Farbe als auch Größe der Geldscheine sind bei allen Beträgen gleich.

Sei also wachsam, wenn du mit Bargeld bezahlst. Sicherlich wird dich niemand absichtlich übers Ohr hauen, aber Irren ist menschlich (auch deinerseits) !
Eine Alternative zum Bargeld sind Travellerschecks. Es gibt sie in den wichtigsten Währungen, auch in US $. Beim Erhalt der Schecks in deiner Bank unterschreibst du diese Schecks. Wenn du einen Scheck einlöst, was wirklich in jedem Supermarkt und bei jeder Bank möglich ist, unterschreibst du ein zweites Mal auf dem Scheck. Auf diese Art sind Travellerschecks einerseits genauso gut wie Bargeld, andererseits durch die „Unterschriftenzeremonie" absolut diebstahlsicher.
Die Kosten pro Tag hängen natürlich eng mit deinen Reise- und Schlafgewohnheiten zusammen. Motels kosten im Durchschnitt 55 $ pro Nacht, Campingplätze gibt es für 1- 22 $. Wenn du nur in Restaurants isst, kostet das etwa 25 $ pro Tag zusätzlich. Als Selbstverpfleger reichen 15 $ täglich, ohne Unterkunft. Ich selbst komme auf Gesamtkosten von etwa 100 bis 150 US $ pro Woche.

Need some more information?

In den USA gibt es nichts, was es nicht im Internet gibt. Auf diese Weise kommst du auch günstig und schnell an deine Reiseinformationen.
Die Regierung unterhält die offiziellen Nationalparkseiten unter:
www.nps.gov
Hier findest du alle **Nationalparks** der USA und Kanada in alphabetischer Reihenfolge. Du kannst dir Karten einzelner Parks ausdrucken, Campingplätze online reservieren (macht Sinn, wenn du in der Sommerferienzeit unterwegs bist) und erfährst alles Wissenswerte über den jeweiligen Park.

Unterkunft
Wenn du nicht im Motel schlafen willst, kannst du dich auch in **Jugendherbergen** einquartieren, das System funktioniert auch in den USA. Ein Jugendherbergsbett kostet etwa 20 US- $. Du bist mit deiner Freundin / Freund unterwegs? Zusätzlich zu den Vierbettzimmern in den meisten Herbergen gibt es auch Zweibettzimmer in begrenzter Anzahl. Eine gute Auswahl von Jugendherbergen findest du unter:
www.a-hostel.de
Hier gibt es in jeder größeren Stadt der USA Jugendherbergen, die sich detailliert vorstellen. Die Häuser (und auch die Zimmer) sind auf Bil-

dern zu betrachten und selbstverständlich kannst du deine Unterkunft online buchen.

Campingplätze gibt es in allen Preislagen. Die günstigsten und schönsten Plätze sind in den Nationalparks. Auf Biker/ Hikerplätzen bezahlst du oft nur 1- 5 US $ pro Nacht. Meistens haben diese Plätze WC, Duschen und Trinkwasser. Du kannst die Ausstattung am jeweiligen N. P.- Visitorcenter oder im Internet erfahren. Vorbuchen ist zur Feriensaison sinnvoll. Die Adresse ist:

www.nps.gov

Daneben gibt es eine für Nichtamerikaner schwer überschaubare Anzahl von privaten **Campgrounds** und **Campingplatzketten**. Die bekanntesten Ketten und gleichzeitig der größte Campingclub der USA sind:

KOA (Kampers Of America) und Good Sam Park. Beide kooperieren miteinander. Die Plätze sind sauber und ordentlich. Die Ausstattung ist mehr als komplett, meistens gibt es auch Campinghütten zu mieten. Die Preise dieser Plätze sind allerdings rekordverdächtig. Ich habe auf einem KOA-Platz 23 US $ für eine Nacht im Zelt bezahlt. Es gibt Leute, die so etwas als Wucher bezeichnen ... Manchmal gibt es aber keine günstigere Campingmöglichkeit. Die Internetadresse ist:

www.koa.com

Radfahrclubs

In den USA hat jede Interessengruppe ihren Verein, also fast wie in Deutschland. Für alle Probleme und Fragen bezüglich des Fahrradfahrens gibt es die Adventure Cycling Assotiation **ACA**.

Auf ihrer Internetseite kannst du z. B. vernünftige Fahrradkarten bestellen, die Karten kosten 5,95 US $ für Mitglieder und 8,95 US $ für Nichtmitglieder. Die ACA hat außerdem einen Internetshop für Fahrradkleidung, Zubehör und Ersatzteile. Zusätzlich können Mitglieder ihre Fahrräder bei bestimmten Inlandsfluggesellschaften und auf einigen Bahnstrecken zu günstigeren Tarifen befördern lassen. Die Mitgliedschaft ist auch für Nichtamerikaner möglich und kostet 45 US $ jährlich. Die Internetadresse der ACA ist:
www.adventurecycling.org

Spezielle Informationen zu den **Freizeitmöglichkeiten und Attraktionen** einer bestimmten Stadt bekommst du in Deutschland unter folgender Adresse:
Amerikahaus München
Karolinenplatz 3
80333 München
Tel.: 089/ 5525370
Die etwas unübersichtliche Internetseite findest du unter:
www.amerikahaus.de
In der Bibliothek des Amerikahauses werden alle möglichen Daten von Klimastatistiken bis zu den Disneylandattraktionen bereitgehalten. Falls du in München zu keinem Ergebnis kommst, versuch es bei folgender Adresse:
Amerikahaus Frankfurt
Staufferstr.1
90323 Frankfurt
Tel.: 069/9714480

Eine weitere Möglichkeit zur Informationsbeschaffung besteht auf:
www.tourstates.com
Diese Seite ist vom **US- Tourismusministerium** und hält in sehr übersichtlicher Form viele Informationen, speziell zur Freizeitgestaltung und zu Unterkünften bereit.
Außerdem hat fast jede US- Stadt ihre eigene Homepage, auf der du alle aktuellen Veranstaltungen und Attraktionen nachlesen kannst.
Wenn du schon in USA unterwegs bist, wende dich einfach an die **„Chamber of comerce"** des betreffenden Ortes. Die **„C O C"** ist nicht nur die Handelskammer, sondern auch Touristinformation. Die Angestellten werden dich gerne mit allen Informationen versorgen, die du haben möchtest. In kleineren Städten ab 2000 Einwohnern sind die
C O C' s an der Hauptstraße und deutlich gekennzeichnet. In Großstädten: viel Spaß beim Suchen! Die örtlichen Motels stellen aber meistens das gleiche Infomaterial zur Verfügung.

Welcome to the USA - die Einreisezeremonie

Schon beim Check-in, spätestens im Flugzeug bekommst du eine pinkfarbene Karte in die Hand gedrückt, die du für die Einreise in die USA ausfüllen musst. Unter anderem musst du eine Adresse für die Dauer deines Aufenthaltes in den

USA angeben. Falls du keinen festen Anlaufpunkt hast, nimm eine Jugendherbergsadresse, aber sag es niemandem! Ohne eine Adresse in den USA wirst du nach dem 11. 09. 01 nicht weit kommen. Der Immigration- Officer wird dir dann den unteren Abschnitt des Formulars in den Pass heften. Diesen Abschnitt darfst du auf keinen Fall verlieren! Bei der Ausreise wird er wieder feierlich aus deinem Pass entfernt. Ein zweites Formular ist für den Zoll bestimmt. Falls du auf diesem Formular angibst, irgendwelche Lebensmittel einzuführen, ist dann beim Zoll erst mal Endstation für dich ...

Genug der Vorrede, jetzt geht's los, viel Spaß beim Lesen (und Nachfahren?) der Tour. Zur einfacheren Übersicht habe ich jeden Abschnitt zweigeteilt. Im ersten Teil gebe ich jeweils die genaue Beschreibung der Etappe.

Im zweiten, *kursiv* geschriebenen, Teil schildere ich meine Erlebnisse auf dem Streckenabschnitt. Alle folgenden Schilderungen beziehen sich selbstverständlich auf **meine** Tour im Jahr 2002! Für zukünftige Änderungen, z.B. in der Straßenführung, und daraus resultierende Unannehmlichkeiten kann ich natürlich keine Haftung übernehmen.

Seattle
Washington
Oregon
San Francisco
California
Los Angeles
Arizona
Phoenix
Tucson
Tombstone

Teil 2: How to do a bike-tour – Jetzt geht's los!

Anflug auf Seattle

In der Landschaft unter mir kann ich schon wieder Einzelheiten erkennen, wir sind im Anflug auf den Seattle-Tacoma Airport. Ich lasse noch mal die Ereignisse von gestern Revue passieren, den Abschied von Zuhause, die 4-stündige Zugfahrt zum Flughafen und das Einchecken. Ich hatte mein Fahrrad schon bei der Buchung des Fluges angemeldet, deshalb war auch die Mitnahme kein Problem. Am Check- in bekam ich einen großen Karton ausgehändigt, in dem ich mein Fahrrad mit demontierten Pedalen und längs gedrehtem Lenker versenken durfte. Anschließend ging ein Angestellter der Airline mit „meinem" Karton von dannen. Meine 4 Packtaschen verstaute ich in einem großen Nylonsack, den ich ganz normal am Check- in aufgab. Während der Zwischenlandung in Cincinatti musste ich dann meine beiden Gepäckstücke eigenhändig durch den Zoll bringen, was aber kein größeres Problem darstellte, sieht man mal von den Abmessungen meines Fahrradkartons ab. Dann ist es so weit, ich bin in Seattle angekommen. Nachdem ich mein Gepäck eingesammelt habe, bringe ich mein Rad noch im „Baggage claim" unter den neugierigen Blicken der anderen Fluggäste in einen fahrbereiten Zustand. Währenddessen gebe ich erste „Interviews", es entwickeln sich einige Gespräche mit anderen Fluggästen über die Streckenführung und den Zeitraum meiner Reise. Danach organisiere ich mir noch eine Unterkunft für die folgende Nacht. Wie auf jedem größeren Flughafen gibt es auch in Seattle in der Ankunftshalle eine große Informationstafel mit allen Hotels und Motels der Stadt. Mit den an der Tafel bereitstehenden Telefonen können dann gebührenfrei Reservierungen vorgenommen werden. Inzwischen ist es 19 Uhr Ortszeit und ich beschließe, die Nacht im örtlichen „Travelodge" Motel zu verbringen. So kann ich heute Abend noch mal Gepäck und Fahrrad kontrollieren und mit dem moteleigenen, kostenlosen Shuttleservice habe ich mir eine Radtour über die Stadtautobahnen von Seattle erspart. Man merkt schnell, dass Kanada nicht mehr weit ist: In der Sonne ist es angenehm warm, aber ab 19.30 Uhr wird es reichlich kühl, also lange Hose und Pullover nicht vergessen!

Seattle - Bremerton - Shelton - Aberdeen, 104 mls

Man muss nicht verrückt sein, um diese Strecke an einem Tag zu fahren, aber es hilft! Wer Zeit und Lust hat, kann auch 1 Woche auf der Olympic Peninsula verbringen. In diesem „Naherholungsgebiet" für Seattle gibt es genügend Natur, Campingplätze, Motels und Jugendherbergen. Von Downtown Seattle fährt eine Radfahrer- und Fußgängerfähre für 7,20 US $ nach Bremerton auf der Olympic Peninsula. Während der Überfahrt siehst du nochmal die Skyline von Seattle, vielleicht liegen einige Seelöwen faul auf den Bojen, die das

Fahrwasser der Fähre markieren. Dann fahre zunächst über Hwy 3 nach Belfair. Wer hier übernachten will, hat die Qual der Wahl: Geradeaus am Einkaufszentrum vorbei nach ca. 4 mls auf Hwy 300 im Belfair State Park oder vor dem Einkaufszentrum links weiter auf Hwy 3, nach ca. 2 mls auf Hwy 106. Hier gibt es 2 Campingplätze auf den nächsten 10 mls, die Straße führt dich immer am Ufer des Hood Canal entlang und die Verkehrsdichte ist absolut erträglich. 5 mls hinter Hood ist es vorbei mit der Ruhe, du triffst auf Hwy 101, der auf den nächsten 950 km bis nach San Francisco deine Heimat ist.

Hinter Sheldon wird der Hwy 101 zur Interstate, ist aber auf der ca. 2,5 m breiten Standspur gut zu befahren, die Steigungen fallen hier sehr moderat aus. Unterwegs gibt es noch mal 2 Campingplätze, im Schafer State Park und Lake Silvia State Park, der nur über 45 km Schotterpiste zu erreichen ist. In Aberdeen sind einige Motels, ein Einkaufszentrum, ein Sägewerk und ein großer Industriehafen, also nichts, was das Prädikat "Touristisch wertvoll" verdient. Das Motel „Flamingo Inn“ (40 US $) ist eine Frechheit, scheint aber das Einzige im Ort zu sein. Dafür liegt es verkehrsgünstig direkt an der 101, so musst du nicht lange nach einer Unterkunft suchen.

Die 5 Meilen von meinem Motel nach Downtown Seattle gestalten sich recht angenehm, es geht über Freeways mit breiten Standspuren meistens bergab, geradewegs in den Morgennebel. Bald nach meinem Start sehe ich schon die „Space Needle“ , das Wahrzeichen von Seattle, aus dem Nebel ragen. Der Weg zum Fährhafen ist deutlich beschildert. Bei meinem ersten Fotostopp in Seattle werde ich auch sofort von einem Passanten angesprochen, was ja an sich keine Sensation in den USA ist. Aber mein Gesprächspartner ging **zu Fuß!** *Das war die Sensation! Nachdem sich das übliche Frage- und Antwortspiel eine Weile entwickelt hatte, erfuhr ich noch eine kleine Sensation: Es gibt hier eine Fußgängerfähre, einen Katamaran, mit dem ich schneller und günstiger als mit der Autofähre nach Bremerton komme. Tatsächlich rolle ich 1 Minute vor Abfahrt auf die Fähre und nachdem ich mein Fahrrad außen auf dem Katamaran verzurrt habe, geht es sofort los. Unterwegs in Richtung Bremerton sehe ich einige Robben und Seelöwen faul auf den Bojen liegen. Es*

wird immer nebliger, schließlich verschwindet Seattle im Dunst hinter mir. Es sieht nach Regen aus. Ich erinnere mich, dass die Regenjacke mal wieder ganz unten in der rechten Hinterradtasche verstaut ist. Eigentlich hatte ich nach dem klaren Himmel gestern Abend mit trockenem Wetter gerechnet ...
Bei der Ankunft in Bremerton empfängt mich ein kalter, feuchter Westwind, weswegen ich als erstes meine Jacke herauskrame. Die Haupterwerbsquelle von Bremerton scheint der Hafen zu sein, zumindest ist in der näheren Umgebung keine größere Industrieansiedlung zu sehen. Ich fahre noch an einem offensichtlich ausgemusterten Flugzeugträger vorbei, danach hat mich die Landstraße wieder. Die Straße geht an tiefblauen Fjorden vorbei, immer mit der Aussicht auf Berge mit schneebedeckten Gipfeln im Norden und bunten Holzhäusern diesseits. Ich habe noch nie so blaues Wasser gesehen, „Gletscherblau" trifft diese Farbe am besten. Das Wasser in den norwegischen Fjorden ist dunkelgrün. Das Mittelmeer hat auch einen anderen, helleren Blauton, vergleichbar mit der Farbe in manchen Schwimmbädern.
Später am Tag fahre ich dann die ersten 30 Freewaymeilen dieses Urlaubs, natürlich ohne von einem Sherriff behelligt zu werden. Das sollte sich aber in Kalifornien noch ändern, doch später mehr dazu.
Vor Aberdeen wird es langsam dämmerig, ich beschließe nach kurzer Unterkunftsuche im „Flamingo Inn", offensichtlich dem einzigen Motel im Ort, einzuziehen. Es steht direkt am Hwy 101, die Geräuschkulisse ist einmalig, aber mit Oropax schlafe ich doch noch ganz gut.

SOUTH
101

Aberdeen - Astoria - Gearhart, 94 mls

Die Ausfahrt aus Aberdeen ist einfach, ab dem Einkaufszentrum einfach dem Schild „101 South“ folgen und über die große Zugbrücke fahren, dann musst du dich entscheiden, welche Straße du nimmst:
Wenn du den Pazifik sehen willst, fahr auf Hwy 105 weiter, die Strasse folgt der Küstenlinie. Es gibt 2 Campingplätze, Twin Harbors und im Grayland S.P. Bei Raymond triffst du wieder auf Hwy 101 (insgesamt 49 mls) . Ich bin über die 101 weitergefahren, bis Raymond sind das 24 mls mit viel Landschaft, viel Steigungen, viel Gefälle und viel Schweiß. Campingplätze gibt es 10 mls und 40 mls von Aberdeen. Ab Raymond siehst du zeitweise schon den Pazifik und spürst den Nordwestwind, der dich sanft die Steigungen hochschiebt. Dann kommt bald die Brücke über den Columbia River nach Astoria. Sie ist ca. 4 mls lang und auch für deutsche Verhältnisse recht schmal. Für ängstliche Naturen ist es besser, am Abzweig zur Brücke einen Pick- Up- Fahrer um einen Lift zu bitten, für alle Anderen macht so etwas spätestens bei Seitenwind oder Gegenwind Sinn, dann geht auf der Brücke nichts mehr mit Muskelkraft.

In Astoria ist noch so eine Brücke, nur noch schmaler und noch stärker befahren. Wenn du an der Ampel vor dieser Brücke links abbiegst (Business Loop 101), hast du Ruhe, bei Warrenton kommst du wieder auf Hwy 101. Der nächste Campingplatz ist in Gearhart rechts an der 101. Dort gibt es außer Grasplätzen auch saubere

Duschen ,Waschmaschinen und Wäschetrockner, alles für nur (?) 17 Dollar pro Nacht. In Seaside, 2 mls weiter, sind noch zwei Campingplätze, die aber nicht sehr Vertrauen erweckend aussehen und direkt an der Straße liegen.

Nachdem ich die letzte Brücke in Aberdeen hinter mir hatte, ging es zuerst dezent, später deutlich, in Serpentinen bergauf. Der Nebel wurde mit steigender Höhe immer dichter und ging schließlich in Nieselregen über. Bei dieser Kombination (Nebel, Nieselregen, Steigung) hält auch keine Goretexjacke trocken, der Schweiß rinnt in Strömen. Zumindest hat die Kälte keine Chance, einzudringen. Die Lufttemperatur kommt nicht über 10°C, mit steigender Höhe wird es eher noch kälter.
Nach Erreichen der Passhöhe wird es schnell wärmer, schließlich reißt die Wolkendecke ab Mittag auf, bald habe ich nur noch blauen Himmel über mir. Dann verlasse ich Washington. Hinter Naselle überquere ich den Columbia River nach Astoria/ Oregon. Die Brücke ist 4 mls lang und teuflisch schmal, ohne einen brauchbaren Seitenstreifen. Ich entschließe mich, die Herausforderung anzunehmen und die Brücke zu befahren. Schon nach etwa 1/2 Meile spüre ich den „Nordwestwind“ nur noch von Westen, also direkt von rechts, er versucht, mich auf die Fahrbahnmitte zu drücken. Ich „wehre“ mich mit heftigem Gegenlenken. Die in meiner Richtung fahrenden PKW- und LKW- Fahrer merken das und halten beim Überholen reichlich Seitenabstand zu mir. Vielleicht hätte ich am Abzweig zur Bücke doch einen Pick- Up- Fahrer um einen Lift bitten sollen ...

In Astoria angekommen, lege ich erst mal eine Pause ein. Danach stelle ich mich der nächsten Herausforderung: **Eine Brücke!** *Noch enger als die gerade Befahrene, inzwischen tummelt sich auch der ganze Feierabendverkehr auf der Straße. Aber es gibt eine Ausweichmöglichkeit: Direkt vor der Brückenauffahrt geht es über den „Business- Loop" etwa 10 Meilen um einen Fjord herum und wieder zurück auf Hwy 101, Diese Alternative gefällt mir wesentlich besser, ich bin nahezu allein auf der Straße, es gibt kaum Wind und keine Steigungen. Einige Meilen weiter, in Gearhart, rolle ich auf einen Campinglatz und beschließe diesen Tag mit selbstgekochten Nudeln und einer Dose Bier vor meinem Zelt.*

Gearhart - Lincoln City, 96 mls

Von Gearhart bis Seaside sind es ca. 2 Meilen an einem „Einkaufszentrum" mit drei Videoläden und einem Baumarkt vorbei. Schon bald hinter Seaside geht es zum „Arch Cape" bergauf und es wird nicht die letzte Steigung sein. Ab Tillamook solltest du Hwy 101 verlassen und über Cape Outlook und Pacific City fahren. Dafür biegst du an der großen Ampel in Tillamook rechts in Richtung Oceanside/ Netarts ab, später folgst du den Schildern „Cape Lookout/ Pacific City". Auf diesem Weg gibt es auch nicht weniger Steigungen, es ist aber ein wesentlich ruhigeres Fahren als auf der 101. An dieser wunderschönen Nebenstrecke findest du 2 Campingplätze: Cape Lookout State Park, und in Pacific City. Das ist dann auch seit 25 mls die erste Einkaufsmöglichkeit. Wenn du im State Park zelten willst, musst du spätestens in Tillamook alles einkaufen. Wenn du weiter fahren willst, ist der nächste Campingplatz in Lincoln City. Bevor du dort ankommst, darfst du dich an einer schier endlosen Steigung austoben. Du hast dann die Wahl zwischen einem KOA- Platz am nördlichen Ortseingang für 23 US $ für 1 Person mit Zelt und Fahrrad (!!!) und dem Hiker/ Bikerplatz im Nationalpark für 4 US $ am südlichen Ortsende. Der KOA- Platz ist auf jeden Fall ruhiger gelegen und sehr gepflegt, ob das den Zuschlag von 19 Dollar wert ist, musst du selbst entscheiden.

Lincoln City - Reedsport, 103 mls

Gut zu fahrende Strecke, der Abschnitt von Depoe Bay bis Newport verläuft auf der alten 101, die teilweise für den motorisierten Verkehr gesperrt, auf jeden Fall aber schön ruhig ist. Auch landschaftlich gibt es einige Highlights: Die Straße führt dich direkt an der Steilküste entlang. Wenn du etwas Glück hast, siehst du einige Otter und Robben unter dir auf den Felsen in der Brandung liegen. Die Strasse geht ständig auf und ab, ab Cape Perpetua fährst du nur noch bergauf. Nach ca. 8 mls passierst du den Leuchtturm bei Heceta Head, angeblich der berühmteste Leuchtturm der Welt. Etwa 2 mls später kommst du zu den Sea Lion Caves. Im Wesentlichen ist das ein Aussichtspunkt, von dem aus man Seelöwen beobachten kann. Weiterhin gibt es dort einen Aufzug, mit dem man 220 ft tiefer in eine Höhle fährt. Dort kannst du eine Seelöwenkolonie in ihrer natürlichen Umgebung aus nächster Nähe, nur durch einen Zaun getrennt, beobachten. Wer dort unten fotografieren will, sollte einen empfindlichen Film (400 DIN) eingelegt haben, Blitzgeräte sind aus Rücksicht auf die Tiere verboten.

Ab Florence fängt offensichtlich Oregons „Spielplatz“ an, überall werden Buggies und ATV's vermietet, verkauft und repariert. Ganz extrem wird es dann in Dunes City, dort gibt es wohl keine andere Einnahmequelle. Südlich von Dunes City gibt es einige schöne State- Park Campingplätze, in Reedsport sind 6 Motels.

Ab Lincoln City kann ich erst recht gut drauflosrollen, der Nordwestwind schiebt mich ganz gut vor sich her. Außer mir werden aber auch die Wolken geschoben,

und zwar mal wieder in meine Richtung! 30 Minuten nach meinem Start am Morgen fahre ich durch Nebelbänke, später ist es nur noch neblig und kalt. Ob ich wohl noch etwas anderes als Nebel von Oregon zu sehen bekomme?
Der Nebel wird immer dichter, ich kann jetzt nur noch etwa 20 Meter weit sehen, die Autofahrer offensichtlich auch, einige überholen für US- Verhältnisse reichlich knapp. Bald kann ich vom Highway auf eine Nebenstrecke abbiegen. Die Steigungen werden deshalb auch nicht moderater, aber diese Straße ist für den motorisierten Verkehr gesperrt. Ich fahre streckenweise direkt an der Abbruchkante der Steilküste entlang. Das Tosen der Brandung unter mir ist zeitweise deutlich zu hören, ich kann nur nichts sehen, weil der Nebel zu dicht ist! Nachdem ich im Nebel erst auf meiner Nebenstrecke und später wieder auf Hwy 101 eine Weile vor mich hingefahren bin, es war inzwischen früher Nachmittag, tauchte dann der Parkplatz der „Sea Lion Caves" vor mir auf. An diesem Ort gibt es, abgesehen von dem obligatorischen Souvenirladen, einen Lift, mit dem ich ca. 200 ft. tiefer in eine von der Brandung umspülte Höhle einfahre. Dort kann ich eine Seelöwenkolonie beobachten, die nur durch Maschendraht von der Besucherplattform getrennt ist. Für mich war es faszinierend anzusehen, wie schnell sich diese massigen Tiere im Wasser und an Land bewegen können.
Als ich wieder ans Tageslicht zurückkomme, werde ich vom Sonnenlicht geblendet. Der Nebel ist weg und ich habe freie Sicht auf die Steilküste von Oregon! Leider nicht mehr lange, weil die Straße bald etwas ins Land hineinschwenkt. Wenig später höre ich hinter den bis zu 50 Meter hohen Dünen die knatternden Motoren

von Buggies, Geländemotorädern und ATV' s. Dieses Gebiet scheint der Spielplatz für ganz Oregon zu sein.

Reedsport - Arizona Beach (Ophir), 93 mls

Kurz hinter Reedsport geht es für die nächsten 40 mls wieder in gewohnter Weise auf und ab. Ab Coos Bay wird die Strecke dann sanfter und ist flüssiger zu fahren. In Port Orford gibt es eine atemberaubende Aussicht, sowohl nach Norden als auch in südlicher Richtung. Port Orfort war um 1800 die erste Ansiedlung von Weißen an der Westküste. Es dauerte auch nicht lange, bis es das erste Scharmützel zwischen Siedlern und Indianern gegeben hatte. Danach wurden die Indianer mit Waffengewalt endgültig vertrieben, um Platz für „God' s own nation" zu schaffen ...

Ca. 10 mls hinter Port Orfort, im Humbug Ntl. Park gibt es einen schönen Campingplatz, wenn du dort bleiben willst, nimm genug Trinkwasser mit! Der nächste Campingplatz ist 6 mls weiter, mit Trinkwasser, Duschen, Waschmaschinen und direkt am Strand mit windgeschützten Zeltplätzen (Arizona Beach).

Danach gibt es noch 2 Campingplätze in Gold Beach, die während meiner Tour als Basiscamps für die Feuerwehrleute zur Waldbrandbekämpfung herhalten mußten.

Abgesehen von meinem ersten Tag auf dem Weg von Seattle nach Aberdeen hatte ich bis jetzt jeden Tag Nebel. Die Sonne kam immer um die Mittagszeit für 2-3 Stunden zum Vorschein, aber richtig warm wurde es nie. Die Krönung des Ganzen war der 3. Tag. Von Gearhart nach Lincoln City bin ich mehr oder weniger den ganzen Tag im Nebel gefahren, entsprechend feucht ist Alles geworden! Zum Glück ist das Wetter zum Abend noch etwas aufgeklart. Am nächsten Tag, auf dem Weg nach Reedsport, gab es nachmittags wieder Regen, der während der letzten 10 mls immer stärker wurde. In Reedsport gibt es 6 Motels, bis auf eines (Economy Inn) waren alle ausgebucht, weil an diesem Wochenende in Reedsport eine Custom Car Show stattfand. Das einzige freie Zimmer kostete 145 US- $ (!!!). Angesichts der Tatsache, dass im Umkreis von 5- 10 mls wohl alles besetzt war, dass ich gut durchfeuchtet war und ich um 19.30 Uhr auch nicht mehr weiterfahren mochte, bezahlte ich den Preis für die „Honeymoon Suite" zähneknirschend. Nach einer anschließenden kurzen, aber lebhaften Diskussion mit dem indischen „Portier" war es auch kein Problem mehr, mein Fahrrad mit in das teure Zimmer zu nehmen. Falls du auch in Reedsport stranden solltest: die Motels mit dem besseren Preis- Leistungsverhältnis kommen **hinter** *der Brücke (Fahrtrichtung Süden), auch auf den folgenden 5 mls hinter der Stadt gibt es genug Übernachtungsmöglichkeiten in Gästehäusern und auf kleinen Campingplätzen. Hinter Reedsport, am nächsten Tag ab ca. 11 Uhr, gab es auch besseres Wetter: Endlich freie Sicht auf Oregon, die Wolken rissen auf und es wurde richtig warm, bis 25° C. Am Abend hatte ich bei Arizona Beach einen Campinglatz direkt am Pazifikstrand. Hier war vor 150 Jahren die Endstation einer Postkutschen-*

linie. Einige Überbleibsel aus dieser Zeit sind hinter der Anmeldung zu betrachten. Nach einem Schönwettersonnenuntergang beschließe ich den Tag bei Windstille und mit sternenklarem Himmel über mir.

Arizona Beach - Klamath (CA), 93 mls

Hinter Arizona Beach geht es anfangs dezent, später kräftig bergauf. Du hast teilweise phantastische Aussichten über die Pazifikküste, auf anderen Abschnitten wird die Straße vom Wald scheinbar verschluckt. Brookings ist dann der letzte größere Ort bevor du nach Kalifornien kommst. Die Landschaft ändert sich anfangs kaum, aber kurz vor Crescent City stehen die ersten Redwoods an den Straßenseiten. Hinter der Stadt geht die Straße dann in eine ca. 8% Steigung über, du wirst die nächsten 10 mls Freude daran haben. Wenigstens die „Dekoration" abseits der Straße stimmt, du bist hier schon im Redwoods N.P., an den Straßenseiten stehen die ersten knorrigen Giganten. Auf dem Weg durch die Redwoods gibt es einen Campingplatz, ab Klamath hast du die Auswahl aus ca. 5 Campingplätzen und ebenso vielen Motels. Der Campingplatz vor der Flussbrücke ist die vorletzte Chance, hinter der Brücke sind noch mal 3 Campingplätze, dann kommt erst mal nichts mehr.

Ich werde morgens um 6 Uhr von der aufgehenden Sonne geweckt. Innerhalb von Minuten wird es in meinem Zelt viel zu warm, also aufstehen! Auf diese Weise bin ich schon recht früh auf der Straße. Ich fahre die ersten Steigungen noch im Schatten, ab 9 Uhr brennt die Sonne unbarmherzig auf den Asphalt und auf mich. Die Tage sind unmerklich wärmer geworden, trotz des permanenten, kalten Nordwestwindes fahre ich heute ganz in kurz. Bald bemerke ich einige Wolken über den Berggipfeln und einen leichten Brandgeruch. Ich komme langsam in das von Waldbränden heimgesuchte Gebiet. Die folgenden Campingplätze bis nach Brookings sowie die Anfahrtstraßen zu den Nationalparks sind wegen der Feuergefahr gesperrt. In Brookings erfahre ich an einem Informationsstand der Feuerwehr, dass die Waldbrände bis auf 20 Meilen an die Stadt herangekommen sind. Die Stadt steht kurz vor der Evakuierung. Ich sehe zu, dass ich meine Einkäufe erledige und fahre dann sofort weiter nach Kalifornien. Dort sind die Waldbrände angeblich unter Kontrolle.

Klamath - Burlington, 112 mls

Hinter Klamath hast du erst mal 12 mls Zeit, eine Steigung zu „genießen". Die nächste Siedlung ist Orick, ein kleiner Ort mit einem Supermarkt, Tankstelle und einem heruntergekommenen Motel. Danach kommst du wieder mal ganz nah an den Pazifik, es gibt ca. 20 mls hinter Klamath ein Infocenter und jede Menge Campingmöglichkeiten am Strand. Falls du dort übernachten willst, nimm alles mit ins Zelt und schließ dein Fahrrad irgendwo an, mir erschienen einige der „Camper" reichlich suspekt. Es gibt dort auch keine Einkaufsmöglichkeit, also denk rechtzeitig ans Einkaufen und nimm genügend Trinkwasser mit! Bis nach Arcata kommt dann eigentlich nur noch Landschaft und auf der Interstate kommst du auch gut vorwärts. In Trinidad gibt es einen Truck- Stop mit Supermarkt, Post und Tankstelle. Nach Eureka kannst du weiter auf der Interstate bleiben, oder über Hwy 255 fahren. Die Durchfahrt durch Eureka ist einfach, achte nur auf die grünen „Pacific Bike Route“ Schilder, sie leiten dich durch die besseren Wohngebiete an den Hauptverkehrsadern vorbei und wieder auf Hwy 101. Falls Du noch irgendwelche Sport- oder Campingartikel brauchst, z. B. Teva- Sandalen für 29.90 US $, kannst du bei „Big Five“ in der Eureka Mall am Ortsausgang Richtung Süden gut einkaufen. Danach ist wieder Interstate- Time. Ab Pepperwood, 29 mls hinter Eureka, kannst du die „Avenue of the Giants“ fahren, eine schöne Alternative zur Interstate. Die Straße führt dich durch dichten Redwoodwald und es gibt nur dezente Steigungen, meistens geht es bergab! Du kommst an mehreren Campingplätzen vorbei, mir hat der in Burlington am besten gefallen. Hiker/ Biker-Plätze gibt es dort für 1 Dollar, Feuerholz kannst du beim Ranger kaufen, es gibt Duschen und die Zeltplätze liegen zwischen riesigen Redwoodbäumen.

Auf dem Weg nach Burlington war die Dunkelheit mal wieder schneller als ich. Die letzten 10 mls fuhr ich in völliger Dunkelheit. Eigentlich war gerade Vollmond und der Himmel war sternenklar, aber die gigantischen

Redwoods bildeten einen Tunnel über der Straße und schluckten alles Restlicht. Ich konnte streckenweise keine 10 m weit sehen, entsprechend abenteuerlich gestaltete sich meine Fahrerei! Zu dumm, dass ich abgesehen von meiner Stirnlampe kein vernünftiges Licht bei mir hatte. Nach ca. 45 Minuten „Blindfahrt" sah ich endlich einige Lagerfeuer und Lichter des ersehnten Campingplatzes. Der Platz war vollkommen in den Redwoodwald eingebettet. Ich stellte mein Zelt neben einem Baumstumpf von ca. 4 Meter Durchmesser und 2 Meter Höhe auf. Der Waldboden war von einer zentimeterdicken Schicht Redwoodnadeln bedeckt und fühlte sich weich an, ungefähr wie der Boden in deutschen Nadelwäldern. Obwohl der Platz gut belegt war, gab es den ganzen Abend, außer dem gelegentlichen Knacken und Knistern der Lagerfeuer, keine lauten Geräusche. Als ich später in meinem Zelt lag, konnte ich noch das sanfte Rauschen des Windes in den Baumwipfeln hören. Die Stille wurde nur ab und zu durch den Ruf einer Eule unterbrochen. Mitten in der Nacht wurde ich durch ein lautes Poltern und Scheppern geweckt. Ich dachte mir aber nichts dabei und schlief weiter. Am nächsten Morgen sah ich dann die Geräuschursache: Am Eingang zum Campingplatz standen 2 große Mülleimer, die als Schutz vor neugierigen Bären zusätzlich am Boden angekettet und mit Schraubdeckeln verschlossen waren. Offensichtlich waren in der vergangenen Nacht ein oder zwei Bären zu Besuch gewesen. 300 Meter neben meinem Zelt! Der Park- Ranger, der den Platz tagsüber beaufsichtigt, sagte mir, dass nächtlicher Bärenbesuch hier nicht ungewöhnlich sei ...

Burlington - Fort Bragg, 89 mls

Von Burlington bis Phillipsville kannst du weiter die Avenue of the Giants fahren. Die Straße führt an der Ostseite des Elk River entlang, der sich etwa 50 Meter tief und 200 Meter breit in die Landschaft hineingefräst hat. Das breite Flussbett lässt die normalen Dimensionen des Elk River erahnen. Im Moment fließt dort unten aber nur ein kleiner, streckenweise nur etwa 2 Meter schmaler, Bach. Die Interstate verläuft für mich unsichtbar und unhörbar hinter den Bäumen auf der Westsseite des Elk River. In Phillipsville mündet die Av. of the Giants leider wieder auf die Interstate. Es sind 31 mls bis Legget, wo du auf Highway 1 triffst, der dich an die Küste bringt. Du solltest in Legget deine Vorräte auffüllen, auf den nächsten 33 mls bis Fort Bragg gibt es nichts mehr.

Der Highway 1 bringt dich zunächst auf den ersten 6 mls bis auf 1800 ft, mit teilweise brutalen Anstiegen, anschließend geht es zügig bergab. Kurz vor der Küste musst du noch mal bis auf ca. 600 ft, danach fährst du an der Küste ständig bergauf und bergab. Campingmöglichkeiten gibt es in den State- Parks bei Westport direkt an der Steilküste, dort ist es aber etwas windig. Kurz vor Fort Bragg, in Cleone, gibt es noch 2 Campingplätze, der erste scheint der bessere zu sein. In Fort Bragg sind 5 Motels.

Außerdem hat die Stadt einen Bahnhof, dort kannst du mit der „Skunk Railway" 35 mls nach Willits im Küstengebirge und zurück fahren. Zufällig konnte ich an diesem Abend im „Discovery Channel" einen Bericht über die „Skunk Railway" sehen. Die Linie hat eine etwa 100jährige Geschichte. Sie wurde gebaut, um die Bergdörfer bis nach Willits mit der Küste und ihren Häfen zu verbinden. Natürlich auch, um die Post in den Dörfern an der Bahnlinie einzusammeln und auszuliefern, was bis heute nach dem gleichen Schema wie zur Blütezeit dieser Eisenbahnlinie praktiziert wird. Laut Discovery Channel pendelt der Zug immer noch ganzjährig täglich zwischen Willits und Fort Bragg. Zum Aufnehmen der Postsäcke werden diese in den jeweiligen Bahnhöfen an Holzgestelle direkt neben den Schienen gehängt. Wenn in Richtung Willits niemand aussteigen will, was meistens der Fall ist weil Touristen die einzigen Fahrgäste sind, lehnt sich der Schaffner aus der Tür eines Waggons und nimmt

den Postsack während der Fahrt von dem Gestell. Das Verteilen der ankommenden Briefpost während der Rückfahrt nach Fort Bragg gestaltet sich ähnlich, nur ohne das Holzgestell. Der Schaffner versucht dann, während der Vorbeifahrt mit ca. 25 mls/ h, mit dem Postsack den Bahnsteig des jeweiligen Dorfes zu treffen ...
Der liebevoll restaurierte Dampfzug wurde in den 30er Jahren gebaut und eine Fahrt damit ist sicher eine besondere Erfahrung. Außerdem ist der Bahnhof in Fort Bragg der Haltepunkt für die Linienbusse nach Norden und Süden. Wer will, kann sich und sein Fahrrad also von hier mit dem Bus nach San Francisco bringen lassen.

Morgens dauerte es ungewöhnlich lang, bis es richtig hell wurde, die Redwoods bilden ein regelrechtes Dach über dem Campingplatz. In Burlington City, etwa 4 mls hinter dem Campingplatz, gibt es einen kleinen Tradingpost, wo ich meinen Proviant wieder ergänzte.

Der Laden ist ganz aus Holz gebaut, im Western- Stil. Während ich vor der Weiterfahrt noch eine Cola trinke, rollt John auf den Platz. Er kommt von Seattle und ist mit seinem Rollstuhl unterwegs. Das Gepäck hat er in 2 Taschen verstaut, die an der Rückenlehne und unter der Sitzfläche befestigt sind. Auf den langen Steigungen und unbewohnten Strecken lässt er sich mitnehmen, aber die Gefällestrecken fährt er selbst.

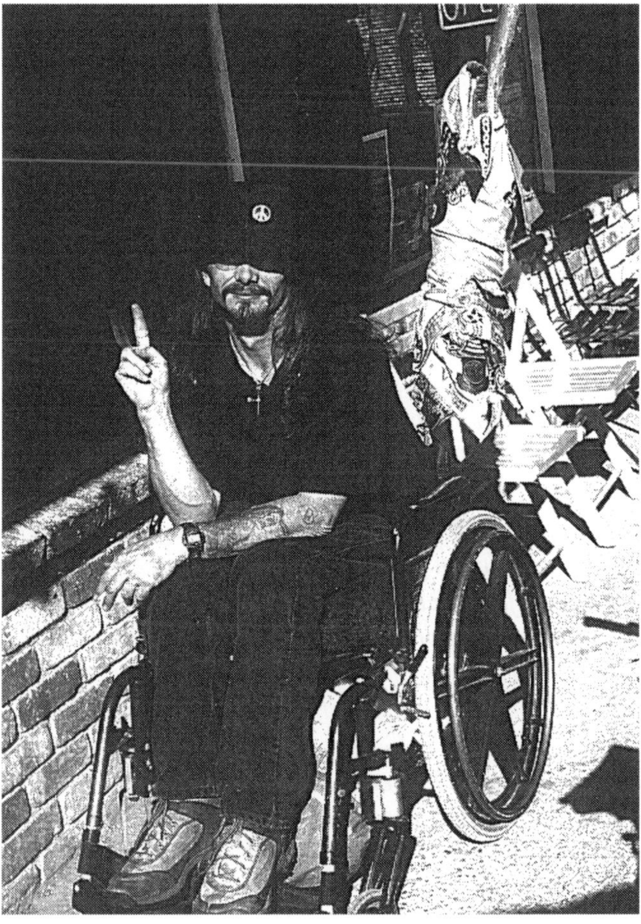

Voller Stolz zeigt John mir seine abgewetzten Handschuhe und zündet sich erst mal eine Selbstgedrehte an, die sofort einen merkwürdig süßlichen Rauch verströmt ...
Die weiteren Meilen bis Phillipsville könnten nicht schöner sein. Rechts von der Straße fließt der Elk River (besser gesagt das, was nach der Trockenheit in diesem Jahr davon übrig geblieben ist) und links von mir stehen die gigantischen Redwoodbäume. Es ist kühl hier, die Bäume sind wie eine Klimaanlage. Die Interstate, laut Karte auf der anderen Seite des Flusses, verläuft unsichtbar und unhörbar hinter einer Hügelkette.

In Phillipsville ist es mit der Ruhe vorbei, ab hier muss ich wieder Interstate fahren. Bei meiner ersten Pause auf der Interstate treffe ich einen Skateboardfahrer. Zuerst glaube ich an einen Scherz, aber der „Kollege" meint es ernst: Er ist mit einem großen Rucksack auf seinem Skateboard unterwegs, von San Francisco nach Seattle! Dabei versucht er, an den langen Steigungen eine Mitfahrgelegenheit zu bekommen, downhills fährt er mit seinem Board ...
In Legett biege ich nach 2 Stunden von der Interstate ab, um über Highway 1 der Küste entgegen zu fahren. Die ersten Meilen geht es in Serpentinen bergauf, streckenweise fahre ich stehend im ersten Gang. Irgendwann werde ich von vier Rennradfahrern eingeholt. Sie scheinen es bergauf auch nicht besonders eilig zu haben und „adoptieren" mich in ihre Gruppe. Bald entwickelt sich zwischen Bill, George, Chris, Mike und mir ein lebhaftes Gespräch über Gott und die Welt und Radfahren in den USA. Die drei sind auf einer Trainingsfahrt für das „Race Across America" und werden von Mike's Frau morgen in San Francisco abgeholt. Als wir

die Passhöhe erreichen, fordert George mich auf, doch mal vorzufahren und Windschatten zu machen, mit meinem ganzen Gepäck sei ich schließlich schön breit. natürlich lasse ich mich nicht lumpen und fahre vor.
Die Vier reihen sich hinter mir wie auf einer Perlenkette auf, danach rasen wir zusammen die Serpentinen herunter. Das Gefälle ist nicht von schlechten Eltern, zwischen 4% und 6%. Unser Viererzug überholt drei PKW auf der engen, kurvigen Straße, schließlich haben wir niemanden mehr vor uns und ich werde übermütig. Es ist erstaunlich, was mein Gepäck bei diesem Gefälle bewirkt:
Irgendwann sind meine „Copiloten" eine Kurve hinter mir, ich baue den Vorsprung bald auf zwei, dann auf drei Kurven aus, ohne viel dafür zu tun. Die Drei holen mich erst wieder auf einem flacheren Abschnitt ein, wo mich mein Gepäck nicht mehr so stark schiebt. Schließlich werden wir sogar vom zuletzt überholten Chevy Suburban eingeholt, der uns aber nicht überholen will. Dann folgt der zweite Teil der „Vollgasorgie", das Gefälle wird wieder stärker (Good-Bye, Chevy), schließlich tauchen wir in den kalten Küstennebel ein. Nach weiteren 5 mls ist die „Downhillparty" vorbei: Kurz vor der Küste geht es nochmal von 300 ft auf 600 ft hoch. Die vier Rennradfahrer verabschieden sich von mir und ich stampfe die Steigung wieder allein hoch. Als ich dann an der Küste ankomme, bietet sich mir ein unglaubliches Panorama:
Die Straße windet sich in engen Kurven direkt an der Steilküste entlang, die Abbruchkante ist etwa einen Meter rechts von mir.
Außerdem habe ich wieder Nordwestwind, also von hinten rechts!
Dummerweise schlängelt sich die Straße nicht nur von

rechts nach links, es geht auch abwechselnd auf und ab! Ich fahre noch an zwei Campingplätzen vorbei und nehme mir in Fort Bragg schließlich ein Motelzimmer, heute ist mal wieder Wasch- und Duschtag!

Fort Bragg - San Francisco, 175 mls

Die Geschichte ist schnell erzählt: Es gibt viele Kurven, enge Straßen, viel Wind und viele brutale Steigungen, aber auch eine traumhaft schöne Landschaft. Für diesen Abschnitt brauchst du wahrscheinlich 3 Tage. Wenn du in San Francisco angekommen bist, kannst du erst mal Urlaub vom Fahrradfahren machen.
Du fährst Hwy 1 bis nach San Francisco durch ? Kein Problem bis zur Auffahrt zur Interstate 101 kurz vor San Francisco. Ab da ist für Radfahrer die Strecke gesperrt und auch nicht zu empfehlen. Wenn du unter der 101 durchfährst, ist auf der linken Seite der Radweg nach Sausalito, dem Stadtteil, wo auch die vielen Hausboote liegen. Diesem Radweg folgst du, wenn er endet, fährst du einfach geradeaus die Straße weiter bis die Golden Gate Bridge ausgeschildert ist. Wenn du die Golden Gate Bridge passiert hast, fährst du direkt nach dem Toll- Gate (Mautstelle) links bergab, nach ca. 50 Metern wieder rechts auf Lincoln Blvd. bergauf. Nach ca. 3 mls biegst du auf eine der zahlreichen Avenues (25th bis 32nd) Richtung Süden ab, wenn du dann auf Geary Blvd. triffst, fährst du hier wieder nach Westen ab. Geary fährst du bis zum Ende, in einer steil abfallenden

Linkskurve bringt er dich auf den Great Highway, der später wieder in Hwy. 1 übergeht. Im Verlauf kommst du an mehreren Motels vorbei, das günstigste liegt hinter der vorläufig letzten Ampel links, ca. 200 m vom Strand entfernt (Robert's Inn). Am nächsten Tag kannst du dann sofort wieder auf Hwy 1 und weiter nach Süden fahren.

Auf dem Weg durch San Francisco traf ich auf Jeff, der mit seinem Mountainbike eine Feierabendrunde drehen wollte. Stattdessen lotste er mich durch die Straßen, bis zum Geary Blvd. Währenddessen musste ich Jeff viele Fragen bezüglich Ausrüstung, Gewicht, Route u.s.w. beantworten. Bald kam ich wieder auf Hwy 1 , der direkt an der Küste verlief. Schließlich fand ich auch ein Motel (Robert's Inn), Strandcamping schien hier nicht empfehlenswert zu sein. In diesem Bezirk sind wohl sämtliche sozialen Randgruppen zu Hause und wer eine abschließbare Haustür samt vier soliden Wänden um sich hat, ist eindeutig im Vorteil .... .

An diesem Abend wäre ich fast überfahren worden. Als ich von meinem Motel aus noch schnell in den Supermarkt an der nächsten Ecke ging, kam mir an eben dieser Ecke ein VW Golf ohne Licht entgegen- **auf dem Bürgersteig!** *Ich habe mich in Sicherheit gebracht, indem ich auf die Straße gesprungen bin. Vermutlich war die Golf-Fahrerin genauso erschrocken wie ich. Vielleicht stand sie auch „unter Strom".*

Alternative: San Francisco - Los Angeles, 400 mls

Wer es eilig hat oder nicht genug Urlaub bekommt oder einfach keine Lust auf die Wüste hat, kann weiter auf Hwy 101 gen Süden fahren. Bis nach Los Angeles sind es noch etwa 400 mls, nach San Diego 550 mls. Es wird bald deutlich wärmer, du hast aber meistens angenehmen kühlen Rückenwind. Der Baustil wird immer „spanischer", am schönsten ist Santa Barbara mit seinen vielen Straßencafés. Richtung Los Angeles wird der Verkehr immer dichter, aber meistens hast du eine genügend breite Standspur. Die letzte Campingmöglichkeit besteht zwischen Oxnard und Malibu auf einem ruhigen Platz im Point Mugu State Park links des Highways. Rechts der Straße ist der Pazifikstrand. Der Campingplatz, der in einigen Karten in L. A. am Strand eingezeichnet ist, ist nur für Wohnmobile, also komplett asphaltiert und damit zeltuntauglich. Nimm dir lieber ein Motelzimmer, in Los Angeles ist das sicherer. Wenn du bis nach San Diego durchfährst, musst du nur den Schildern „Pacific Bike Route“ folgen, sie bringen dich durch das Nobelviertel Palos Verdes und durch den Hafen aus der Stadt. Im Hafen kannst du auch eine Überfahrt auf die Insel Santa Catalina buchen. Diese Insel steht komplett unter Naturschutz und hat angeblich eine überwältigende Flora und Fauna.

San Francisco - San José, 93 mls

Von Robert' s Inn geht es weiter an der Küste entlang, zwischendurch wird die Straße zum Freeway 1, der für Radler gesperrt ist. Ich bin ihn trotzdem gefahren, es geht auf ca. 2 mls steil bergab. Danach nimm die erste Abfahrt in Pacifica, du kannst dann durch ein Wohngebiet parallel zum Freeway fahren. Das Dorf hat eine schöne Strandpromenade und einige Souvenirläden. Am Ortsende von Pacifica endet auch der Freeway und geht als normaler Highway weiter. Einmal kommst du noch in den „Genuss“ eines engen, kurvigen, steilen Anstiegs, etwa 4 mls, dann wird die Straße breiter und die Steigungen moderater. Bei Jct. 84 biegst du Richtung San Gregorio ab, nach 1 ml ist links der „San Gregorio General Store“, Kneipe und General Store in einem, anhalten und anschauen lohnt in jedem Fall, bis La Honda gibt es keine Einkaufsmöglichkeit mehr. Nach La Honda bleibst du noch ca. 15 mls auf Hwy 84, bis du an einer Motorradwerkstatt mit Café auf Hwy 35 triffst. Du musst rechts abbiegen und weiter bergauf fahren. Auf Hwy 35 fährst du bis auf 2600 ft, nimm dann Hwy 9 Richtung Saratoga. Dort hat dich die Großstadt wieder. Die Durchfahrt in Richtung Mt. Hamilton ist etwas nervig, aber trotzdem relativ einfach:

In Saratoga bleibst du auf der Strasse bis Los Gatos. Dort an der ersten großen Ampel links abbiegen und immer dem Verlauf der Strasse folgen. Nach ca. 20 mls bist du in Downtown San José. Wenn du sofort weiter willst, musst du den „Mt. Hamilton Hwy“ suchen und finden. Dafür biegst du in Downtown in 1st St. links ab (Vorsicht, Straßenbahnschienen!), und fährst durch die Einkaufsstraße, nach 2 Blocks wieder rechts auf Santa Clara Rd. , die im weiteren Verlauf zu Alum Rd. wird.

Achtung: Hier gibt es 2 Santa Clara Roads, die mit 3 Blocks Abstand parallel verlaufen! Nimm auf jeden Fall die erste Santa Clara Rd. ! Als kleine Orientierungshilfe solltest du in deiner Richtung Hinweisschilder auf Freeway 101 finden. Nachdem du die 101 überquert hast, halt die Augen auf, nach ca. 3 mls musst du rechts in Mt. Hamilton Hwy abbiegen, der dich dann aus der Stadt bringt. So einfach ist das, zumindest theoretisch. An diesem Ende der Stadt gibt es aber weder Motels noch Campingplätze ...

Um zu einem Motel zu kommen, musst du von 1st St. **links** auf Santa Clara abbiegen, nach ca. 2 mls kannst du zwischen 3 Motels wählen. Einkaufsmöglichkeiten gibt es dort nicht mehr, aber 100 m weiter steht eine Hamburgerschmiede. In diesem Viertel gibt es viele dunkle Ecken und es laufen einige merkwürdige Gestalten herum, nach Einbruch der Dunkelheit bleibst du am Besten in deinem Motel!

Ab „Robert's Inn" hatte ich noch 10 mls an der Küstenstraße, meistens mit Aussicht auf den Strand und die Surfer in der Brandung. Ein kurzes Stück Freeway, was sich als schneller 2 mls Downhill entpuppte, danach war ich in Pacifica. Nachdem ich die ersten 10 mls auf Hwy 84 nach Osten hinter mir hatte, wusste ich, was mir bis jetzt gefehlt hatte: Diese Ruhe, nur alle 5- 10 Minuten ein Auto, hatte ich auf dieser Tour noch nicht genießen können. Mit dem abnehmenden Verkehr wurde auch die Luft deutlich klarer, die Straße stieg bis auf 2600 ft, um anschließend in Serpentinen mit 5- 9% wieder auf 80 ft in San José abzustürzen. Als ich um 18 Uhr in die Stadt rollte, war es auch schon etwas „kühler", nur noch 35° C. Irgendwie war hier alles anders als in den anderen US- Großstädten, die ich bisher kennen gelernt hatte. Es gab hier vom Bettler bis zum Polizisten fast nur Latinos und Farbige, manchmal auch farbige Latinos. Die Umgangssprache in San José ist auch nicht Englisch, sondern Spanisch, auch die unvermeidlichen Werbeplakate und Supermärkte sind spanisch beschriftet. Der örtliche Chevrolet-Händler war der absolute Hit: weil ich aufgrund meiner sehr rudimentären Spanischkenntnisse weder nach dem Weg fragen noch die mögliche Antwort verstehen kann, zog ich es vor, jemanden nach dem Weg zu fragen, der Englisch versteht. Was liegt da näher, als den örtlichen Chevy- Dealer zu interviewen? Die Antwort bestand zuerst im gemeinsamen Studium meiner Straßenkarte und dann im Befragen eines Mexikaners, der sich offensichtlich besser auskannte. Der Rest des Weges war dann aber gut zu finden, zwei Stunden spä-

ter lag ich satt, geduscht und müde in meinem Motelbett.

San José - Turlock, 88 mls

Wenn du von deinem Motel aus startest, biegst du auf Santa. Clara St. nach Osten ab, in die gleiche Richtung ist auch Freeway 101 ausgeschildert, diese Straße wird erst zu Alum Rock St., und hinter der Brücke über die 101 schließlich zu Mt. Hamilton Hwy, auf dem du bald in Serpentinen aus der Stadt fährst. Nach 10 mls hast du die ganze lärmende Stadt unter dir gelassen. Du kommst noch durch einige bessere Wohngebiete und Weinberge, danach bist du ziemlich allein, abgesehen von einigen einheimischen Motorrad- und Rennradfahrern, die sich hier austoben. Auf den ersten 25 mls steigt die Straße ganz gut, bis auf 4000 ft, bis um Mt. Hamilton Observatorium. Hier gibt es Wasser, Cola und Schokoriegel, mehr nicht! Für die nächsten 50 mls solltest du das Nötigste in San José eingekauft haben! Diese wichtige Information solltest du haben, bevor du am Observatorium eintriffst, also erst lesen, dann fahren! Nach dem Observatorium erwartet dich eine ca. 10 mls lange Downhillorgie mit sehr engen Serpentinen, wer funktionsfähige Bremsen hat, ist hier eindeutig im Vorteil. Danach wird es sehr einsam, du fährst durch Gras- und Farmland. Die einzige Versorgungsmöglichkeit ist nach ca. 25 mls die Kneipe „The Junction". Anhalten und hineingehen lohnt auf jeden Fall! Danach geht es noch ca. 5 mls bergauf, anschließend fährst du bis nach Patterson dezent, aber stetig bergab. Bis nach Turlock (Motels) sind es noch mal 18 mls durch Farmland. Abgesehen von 2 staubigen Campingplätzen ohne Duschen und Trinkwasser ca. 10 mls vor Patterson, gibt es keine Campingmöglichkeiten auf der ganzen Strecke, dafür aber jede Menge Landschaft. Nimm nur genug Wasser mit, es wird sehr heiß und trocken im San Joaquin Valley!

Als die Stadt nach den ersten Serpentinen langsam unter mir im Dunst verschwand, überholten mich bald auffällig viele Motorradfahrer, später auch Rennradfahrer. Diese Straße scheint die örtliche Rennstrecke für alle Zweiradbesitzer in San José zu sein. Trotzdem hielt sich der Verkehr in Grenzen, die Motorrad- und Autofahrer waren sehr rücksichtsvoll, wie in den USA üblich. Nach 25 mls kam ich endlich am Observatorium an, dem höchsten Punkt der Strecke. Hier gab es endlich genügend Trinkwasser, 2 Automaten für Cola und Schokoriegel, den unvermeidlichen Souvenirladen, viele Touristen und eine grandiose Aussicht über das San Joaquim Valley sowie über die angrenzenden Gebirgszüge. Ab hier begann dann auch der „gemütliche“ Teil der Strecke, ein ca. 10 mls langer Downhill mit bis zu 10% Gefälle und vielen engen Kurven. Bald verwandelte sich die Landschaft um mich herum in Gras- und Farmland. Nach 25 mls, als Durst und Hunger am größten waren, stieß ich auf das Restaurant „The Junction“, dort gibt es mit Abstand die größten Burger und genug zu trinken. Der Rest der Strecke ist wieder recht einsam und heiß, geht aber bergab.

Turlock - Kingsport Riverland Resort Camping, 117 mls

Von Turlock aus kannst du dich einen ganzen Tag auf der I-5 vergnügen. Es gibt nur wenige Ausweichmöglichkeiten auf Farmroads. Die gute Nachricht ist, dass du auf dem Freeway richtig Meilen machen kannst, die Straße ist bis auf einige Brücken recht flach und die Versorgung mit Ess- und Trinkbarem ist durch die vielen Tankstellen auch garantiert. Hier bin ich dann auch zwei mal offiziell belehrt worden, dass es in Kalifornien illegal ist, mit dem Fahrrad auf dem Freeway zu fahren. Wenn dir so etwas passiert, bleib bis zum nächsten County in jeden Fall auf Nebenstrecken, egal wie umständlich das ist. Es wäre unangenehm, vom selben Sheriff zwei mal beim gleichen Delikt erwischt zu werden. Ich wurde in zwei Counties von zwei verschiedenen Sheriffs sehr freundlich, aber bestimmt vom Freeway hinunterkomplimentiert. Danach bin ich bis zum übernächsten County auf normalen Highways geblieben. Du kannst auch nur Highways fahren, die Straßen verlaufen in dieser Gegend aber nicht parallel zum Freeway. Du fährst also ständig zickzack und bist für die gleiche Strecke länger unterwegs. Abgesehen von meilenlangen Maisfeldern gibt es neben den Highways auch nichts zu sehen. In Kingsport stehen wieder reichlich Motels, ein besonders Schönes ist direkt rechts hinter der Tankstelle an der Ausfahrt. Der „Swedish Inn“ wird von schwedischen Einwanderern geführt und ist eine einigermaßen geglückte Kopie eines schwedischen Hotels. Der Campingplatz ist 2 Ausfahrten weiter, direkt an einem Fluss, der angeblich Badewasserqualität hat. Es gibt dort warme Duschen, einen Angelsee und ein Motel. Obwohl der Platz relativ nahe am Freeway liegt, ist der Verkehrslärm gut gedämpft.

Sie sind mir von den Amerikanern oft beschrieben worden. Ich wurde oft gefragt, ob ich sie schon mal getroffen hätte.
Zeitweise glaubte ich schon, etwas verpasst zu haben. Hier, auf dem Campingplatz von Kingsport am Labour-Day-Weekend sollte ich sie dann erstmalig kennen lernen:
„the ugly americans"
Alles fing ganz harmlos an. Ich suchte mir einen Zeltplatz neben einer Gruppe von etwa 10 Erwachsenen samt Kindern, offensichtlich befreundete Familien. Irgendwann müssen die Kinder ja mal schlafen, dann werden sich die Erwachsenen auch nur noch in Zimmerlautstärke unterhalten. Dachte ich mir! Der Abend verlief aber ganz anders. Um 22 Uhr wurden die Kinder zum Schlafen in die Zelte geschickt. Von 23 Uhr bis Mitternacht lief dann noch einmal der Kompressor, um die Pressluftflaschen zum Tauchen zu füllen. Dann war bis 1.30 Uhr relative Ruhe, ab 1.30 Uhr unterhielt man sich wieder lauter, auch das Radio wurde wieder lauter gestellt. Alle anderen Camper waren seit Stunden in ihren Zelten, nur meine lieben Nachbarn lärmten weiter! Um 2 Uhr bin ich dann mit Sack und Pack umgezogen, der Campingplatz war nur zur Hälfte belegt, es gab also noch genug Platz. Nach etwa 1 Stunde, ich war gerade eingeschlafen, wurde ich von

der Polizei geweckt. Es gab eine Beschwerde über mich, weil ich während meines nächtlichen Umzuges in T-Shirt und Unterhose umhergelaufen bin. In Kalifornien ist es verboten, sich öffentlich in Unterhose zu zeigen! Der Sheriff war, wie erwartet, sehr fair und korrekt. Nachdem er sich meine Geschichte angehört hatte, war die Sache für mich dann schnell erledigt. Abschließend gab er mir noch den gut gemeinten Rat, mich in Zukunft von solchen „Campingnachbarn" fernzuhalten. Danach waren meine „Ex- Nachbarn" an der Reihe, die nach dem kurzen, intensiven Gespräch mit dem Sheriff zügig alle Lampen löschten, ihr Radio abstellten und in ihren Zelten verschwanden.

Kingsport - Bakersfield, 109 mls

Von Kingsburg bin ich die ersten 12 mls wieder auf der I-99 gefahren, weil es keine Alternative gibt. Danach, ab Goshen, gibt es bis Tulare eine ruhige, übersichtliche Frontage Road. Ab Tulare kann man über die Highways 137, 115, J 24 auf Hwy 65 und dann bis Oildale über ruhige Backcountryroads fahren. Nimm genügend Wasser mit, Einkaufsmöglichkeiten unterwegs sind vorhanden, aber nicht sehr reichhaltig. Ab der Tankstelle vor Bakersfield, an der Hwy 65 auf die I-99 mündet, biegst du links ab und fährst bis Airport Drive. Dort rechts abbiegen, über Pierce Rd. und Oak St. auf Brundage Rd., und immer parallel zur I- 58 die Stadt verlassen. So einfach kann das sein, zumindest theoretisch. In der Praxis dauert diese Aktion ca. 2 Stunden. Hinter Morning Dr. gibt es

ein Industriegebiet mit einen Truckstop und mehreren Motels, sowie einen Campingplatz für 21 Dollar pro Nacht.
Der Platz ist liebevoll angelegt, aber die Geräuschkulisse zwischen I- 58 und Truckstop ist einmalig, selbst mit Oropax wirst du keine Ruhe finden. Ich bin für 39 US $ pro Nacht ins Motel gegangen, ist auch sicherer angesichts der Gestalten, die sich abends in dem Gebiet herumtreiben.

Bakersfield - Tehachapi, 65 mls

Vom Motel in Bakersfield geht eine Frontage Road in östlicher Richtung parallel zur I-58, du kannst dich von dieser Straße aus an den Schildern auf der Interstate orientieren. Bei der Abfahrt „Edison" musst du die Interstate überqueren und ca. 10 mls bis Arvin fahren, ab dort auf Hwy 223, der „Bear valley Road" heißt und dich nach 12 mls auf den Highway 58 bringt. Dieser Highway wird dann nach ca. 3 mls wieder zur I-58 (!!!!). Ab Keene, ca. 8 mls weiter, kannst du auf den „Tehachapi Loop" ausweichen. Diese Straße bringt dich weit von der I-58 weg, bald hast du nur noch die Eisenbahnschienen (und irre lange Güterzüge) neben dir, nach 5 mls nicht mal das. Es geht knackig bergauf, aber der wenige Verkehr macht die Kraxelei etwas angenehmer. Es gibt einige atemberaubende Aussichtspunkte auf die I-58 und die Eisenbahn, die streckenweise 300 ft. unter dir verlaufen. Nach ca. 15 mls hast du es geschafft, du rollst in Golden Hill ein. Nachdem du dort eine kurze Strecke bergab fährst, geht es ein letztes Mal bergauf, dort links in das Wohngebiet abbiegen und immer geradeaus weiterfahren, bald bist du in „Downtown Tehachapi", 4000 ft über dem Meer. Dort gibt es 3 Motels, mehrere Souvenirläden und 2 Supermärkte, außerdem 2 Campingplätze. Sie liegen etwas außerhalb, sind aber schön gelegen, inklusive Koyotengeheul nach Sonnenuntergang. Im Osten von Tehachapi ist eine Höhle mit indianischen Wandmalereien, die nach Absprache in der örtlichen Tourist Information mit einem einheimischen Führer besichtigt werden kann. Die vielen Windräder auf den Bergen im Osten produzieren u. a. Strom für Los Angeles, angeblich ist es der größte Windpark der USA. Außerdem wird Tehachapi immer mehr zum Rückzugsgebiet „gestresster" Großstädter. Jack Pollence (City Slickers) hat dort zum Beispiel ein Haus, genau wie Lesley Nielsen. Bruce Willis wurde auch schon beim Einkaufen gesehen ...

Hier habe ich bei Freunden meine ersten 3 Tage Pause gemacht. Tony und Ulrike sind ein typisches deutsch-amerikanisches Paar. Sie haben sich in Deutschland während Tony' s Militärzeit kennen gelernt und geheiratet. Schließlich ist Tony aus der Army ausgeschieden und hat sein Glück eine Zeitlang in Deutschland versucht. Als das dann immer fruchtloser wurde, sind die beiden 1999 nach Tehachapi gezogen. Sie haben hier wieder bei Null angefangen und leben seitdem in einem Trailerhome, einem überdimensionalen Wohnwagen. Seit 2001 besitzen sie 10 Acres Land und neuerdings sind sie auf der Suche nach einem Haus für das Grund-

stück. Seit 2000, wo ich die beiden das erste Mal besuchte, haben sie jede Menge neue Bekanntschaften gemacht, denen ich dann auch vorgestellt wurde, weil sie diesen „verrückten Deutschen" kennenlernen wollten. Sie waren alle daran interessiert, was ich bis jetzt auf dieser Tour erlebt habe, woher ich die Motivation für diese Art zu Reisen nehme, wie ich mit den großen Entfernungen zurechtkomme und ob Nordamerika nicht überhaupt viel zu groß wäre, um es mit dem Fahrrad zu erkunden. Voller Interesse ließen sie sich von mir Geschichten erzählen. Geschichten von der abendlichen Suche nach einem Motel in einer fremden Großstadt, von Nächten in der Wüste, vom Reparieren eines platten Reifens bei 40° Celsius ohne fremde Hilfe, und Geschichten über die Menschen, die ich bisher kennengelernt habe. Am Ende dieser Frage- und Antwortspiele habe ich bei meinen Zuhörern immer so eine Art ungläubigen Stolz bemerkt. Sie waren stolz darauf, dass ich in den USA bis jetzt nie ernsthaft in Schwierigkeiten geraten bin und nur nette, hilfsbereite Leute getroffen habe. Das Verhalten meiner merkwürdigen Nachbarn auf dem Riverland Resort Campground empfanden einige als typisch für kalifornische Hinterwäldler. Eine Freundin von Ulrike, die Kunsthandwerk betreibt, bezeichnete diese Leute schlicht als Schande für Amerika.

Die Entfernungen zwischen den Häusern, überhaupt die Ausdehnung dieser Kleinstadt war für mich auch bei diesem zweiten Besuch immer noch faszinierend.

Die Landschaft hier in der „High Desert" ist faszinierend. Es gibt einige Wälder, z. B. den Sequoia National Forest, aber auch ausgedehnte Steppen und Wüsten. Außerdem gibt es hier auf 4000 ft über dem Meer und 200 mls östlich von Los Angeles 4 „vollwertige" Jah-

reszeiten mit warmen Sommern und Schnee im Winter. Und saubere, klare Luft, die entfernte Hügelketten zum Greifen nah erscheinen lässt. Der Nachthimmel sieht aus wie aus schwarzem Samt und ist übersäht mit Sternen, ich konnte jeden Abend Sternschnuppen sehen. Das Ganze wird vom schaurig- schönen Geheul der Koyoten untermalt, Bären und Wölfe waren in diesem Sommer aufgrund des trockenen Wetters auch keine Seltenheit. Ich habe leider keinen Bären gesehen, sondern nur die Spuren , die so ein Geselle hinterlässt: 2 geplünderte Mülltonnen, einen großen Haufen Bärenkot und Fußspuren, die zurück in Richtung Wald führten. Ich bin den Spuren aber nicht sehr weit gefolgt, vielleicht mögen Schwarzbären ja keine Radfahrer ...

Tehachapi - Apple Valley, 109 mls

Die Ausfahrt aus Tehachapi ist einfach. Bleib auf der Hauptstraße parallel zu den Schienen. Außerhalb passierst du bald ein Zementwerk, nach ca. 5 mls (links Abzweig zum Sand Canyon) musst du auf die I-58 zurück, die Landstrasse ist eine Sackgasse. Nach weiteren 5 mls wird die I-58 zum Highway 58, ab hier bist du mit deinem Fahrrad wieder legal unterwegs. Bis Mojave geht es zügig bergab, dort ist auch die letzte Einkaufsmöglichkeit für die nächsten 31 mls bis Boron. Hier gibt es auch noch mal 10 mls Freeway bei der Edwards Air Base, in Edwards kannst du Getränke und Snacks kaufen, viel mehr gibt der kleine Laden nicht her. Hinter Four Corners (Motels und Tankstellen) wird es wieder einsam. Ab Adelante musst du dich bis Victorville und Apple Valley durchfragen, es gibt keine vernünftige Beschilderung. In Apple Valley gibt es ganze 2 Motels und keinen Campingplatz. Wenn du auf Hwy 18 bleibst, kommst du an Beiden vorbei. Das Zweite, in Fahrtrichtung rechts am Highway, machte trotz des leeren, etwas verwahrlosten Swimmingpools den besseren Eindruck auf mich. Die Zimmer sind einfach und günstig, aber ordentlich und mit einer komplett bestückten separaten Küche. 3 mls weiter gibt es einen Supermarkt, wo du die Zutaten für dein opulentes Abendessen bekommst.

Hinter Tehachapi fängt bald die „richtige" Wüste an, es wird mit sinkender Höhe deutlich wärmer. Kurz vor Mojave fallen mir die ersten großen Joshua Trees auf, die ihrerseits bald zwischen den immer zahlreicher werdenden Kakteen zu einer Minderheit werden. In Apple Valley habe ich mir noch eine Motelübernachtung gegönnt, weil das Wetter etwas unbeständig war. Vor der Baja California tobte gerade der tropische Sturm „Hernan" und schickte seine Ausläufer bis hierhin, in die Mojave- Wüste, was sich während des Tages in Sturmböen und Gewittern äußerte. Zu meinem Glück waren die Gewitter immer weit genug von mir entfernt, in der Wüste hätte ich keinen Schutz gefunden. Die Sturmböen haben mich vor sich hergetrieben und ständig neue Wolken geformt. Auch an diesem Abend zogen im Westen wieder Gewitterwolken auf, vor meinem Motel konnte ich das entfernte Donnergrollen hören. Die Blitze, die durch die Wolken zuckten, veranstalteten ein regelrechtes Feuerwerk. Aus meiner siche-

ren Entfernung sah das alles recht spektakulär aus. Dieser Gewittersturm hatte es aber in sich. In einem Bereich von 50- 80 Meilen vor mir, also bei 29 Palms und im Joshua N.P. gab es in dieser Nacht sintflutartige Regenfälle.

Apple Valley - Joshua Tree N. P., 82 mls

Aus Apple Valley heraus geht es meistens bergab. In Lucerne Valley ist die letzte Möglichkeit, etwas einzukaufen, danach gibt es erst wieder nach 45 mls in Yucca Valley etwas. Die Strecke ist sehr einsam, es gibt keinen Schatten und kein Wasser, also nimm genug mit. In Yucca Valley hast du wieder die große Auswahl, dort gibt es auch Motels. Nach weiteren 7 mls kommst du nach Joshua Tree City und du kannst endlich wieder die Segnungen des American Way of Life in Anspruch nehmen, z. B. Supermärkte mit Klimaanlagen und Motels. Wenn du in den Joshua Tree N. P. willst, fahr den Highway 62 Richtung Osten. Nach kurzer Zeit siehst du ein Hinweisschild zum Nationalpark und an der nächsten Kreuzung rechts einen Outdoorladen. Dort biegst du rechts (bergauf) ab. Nach 5 mls bist du am Eingang zum Park, wo du beim Ranger 5 US $ Eintritt zahlst. Damit hast du die Berechtigung, bis zu 5 Tage hintereinander im Park zu bleiben und alle Campingplätze zu benutzen. Weitere 6 mls bergauf und 3 mls in der Ebene trennen dich vom ersten Campingplatz (Hidden

Valley). Außer Toiletten gibt es hier nichts, Essen und Trinkwasser musst du selbst mitbringen. Dafür hast du hier Natur pur, inklusive Kojotengeheul zum Einschlafen. Falls du im Dunklen mal zur Toilette willst, zieh auf jeden Fall vernünftige Schuhe an, hier kriecht einiges Getier herum!

Die letzten 10 mls vor Yucca Valley schienen zeitweise unüberwindbar, so kräftig war der Gegenwind. Zu allem Überfluss bauten sich dann im Westen noch mehr Gewitterwolken auf, die aber über mich hinwegzogen. Abgesehen von auf die Straßen gespültem Sand und Kies war von dem Gewittersturm, der gestern in dieser Gegend wütete, nichts mehr zu sehen. Abends kam dann wieder ein Streifen blauen Himmels am Horizont durch. Inzwischen war ich im „Hidden Valley", einem schönen Campingplatz im Joshua Tree N. P., angekommen. Nach einem dramatischen Sonnenuntergang mit rotvioletten Wolkenformationen wurde der Himmel immer klarer. Bald hatte ich wieder einen überwälti-

genden Sternenhimmel über mir, der Wind hatte sich vollkommen gelegt. Abgesehen vom Geschirrgeklapper meiner französischen Nachbarn und dem Prasseln der Lagerfeuer war auf dem Campingplatz kein Geräusche zu hören. Später heulten irgendwo in der Wüste wieder einige Kojoten.

Alternative: Joshua Tree N. P. - Los Angeles, 200 mls

Von hier nach Los Angeles sind es noch 2 Tagesritte. In 29 Palms biegst du links auf Hwy 62 ab und fährst bald wieder durch Joshua Tree. Bleib bis Palm Springs auf dieser Straße. Dann musst du bald wieder Interstate (I- 10) fahren. Es ist weiterhin verboten, bis San Bernadino (Motels) gibt es aber streckenweise keine Alternative.
Ab San Bernadino wird es zeitweise wirklich ungemütlich. Auf den letzten 70 Meilen bis zum Flughafen in Los Angeles fährst du fast nur noch geradeaus, es gibt unzählige Ampeln. Ab LaVerne fährst du nur noch Stop and Go. Nimm dir deshalb genug Zeit für diese Strecke und kehre abends rechtzeitig in einem Motel ein, denn mit dem Fahrrad nach Einbruch der Dunkelheit in Los Angeles herumzufahren ist die letzte große Herausforderung an die Menschheit und kann leicht in die Hose gehen!

Joshua Tree N. P. - Rice, 105 mls

Vom Campingplatz im Joshua Tree Park geht es ca.10mls geradeaus weiter, die restlichen 10 mls bis 29 Palms sind ein netter Downhill. Dort kannst du noch einen Stopp im Visitorcenter einlegen, Wasser auffüllen, telefonieren usw.. Danach wird es sehr einsam, der nächste Verpflegungspunkt ist in Vidal Junction, 100 mls weiter. Bis dahin gibt es jede Menge Landschaft, aber nichts zu Trinken.
In einigen Karten ist Rice noch eingezeichnet, vergiss es! Rice besteht aus einer verfallenen Tankstelle, abgesehen von frischer Luft gibt es dort nichts. Zwischen Rice und Vidal Junction ist die Wüste sehr schön zum Campen geeignet, es gibt viele Büsche, hinter denen man das Zelt unauffällig aufbauen kann.

Am nächsten Morgen fuhr ich weiter durch die teilweise außerirdisch anmutende Landschaft, an teilweise 10 Meter hohen einzeln stehenden Joshua Trees vorbei. An anderen Stellen sind nackte, pilzförmige Felsformationen, wieder woanders stehen regelrechte Joshuatree-Wälder. Der ganze Nationalpark ist von Wanderwegen durchzogen, die jeweils an der einzigen durchgängigen Straße beginnen. Ich fahre aber weiter in Richtung des nordöstlichen Parkausgangs in 29 Palms. An der dazugehörenden Rangerstation gibt es Trinkwasser und ein Telefon, an dem ich mein E.T.-Syndrom kurieren konnte (nach Hause telefonieren). Ab hier wird es dann ernst. Ausgangs 29 Palms steht ein Warnschild „No service next 100 miles", das bedeutet für mich: **Wüste**. *Ich halte noch einmal an, um meinen Wasservorrat zu* *kontrollieren. Für mich wäre es auf der folgenden Strecke eine Katastrophe, wenn einer meiner Wasserbehälter vom Gepäckträger fallen und dadurch beschädigt würde. Um dieses Risiko zu minimieren, transportiere ich mein Wasser in 4 verschiedenen Behältern und 3 Trinkflaschen. 20 mls hinter 29 Palms steht noch eine einsame Kneipe mit einer freundlichen Besitzerin und ebensolchen Gästen. Ich habe mir diese letzte Chance auf eine kalte Cola nicht entgehen lassen. Als ich in die Kneipe eintrat, war dort gerade die gesamte Bevölkerung des „Dorfes" (alle 4!) zum Sonntagnachmittagsbier versammelt. Natürlich hatten die mich schon von Weitem kommen gesehen, deshalb stand auch schon eine eiskalte Cola auf „meinem" Platz an der Theke. Sally, die Besitzerin, eröffnete dann das übliche Frage- und Antwortspiel (woher, wohin, warum usw.), aus dem sich eine etwa 90minütige Unterhaltung über Deutschland, USA und die Welt entwickelte. Das war auch definitiv die letzte Chance für mich, auf den nächsten 80 mls etwas Kaltes zu trinken.*

Ich bin dann bis Sonnenuntergang gefahren und habe mein Zelt in der Dämmerung einfach ca. 300 Meter neben dem Highway in die Wüste gestellt. Nach Einbruch der Dunkelheit konnte ich ein besonderes Schauspiel beobachten: Tief im Südwesten zuckten Blitze durch die Wolken über dem Horizont, das Gewitter war aber so weit weg, dass nicht mal das Donnergrollen zu hören war. Ich konnte dem Naturschauspiel also relativ gefahrlos zusehen. Nach eineinhalb Stunden war der Spuk vorbei und ich ging schlafen.

Rice - Hope, 81 mls

Der erste Verpflegungspunkt seit 100 mls ist Vidal Junction, dort steht eine Tankstelle mit Softdrinks, Trinkwasser und T- Shirts. Nach weiteren 19 mls bist du in Parker/ AZ. Hier gibt es alles: Motels, einen Campingplatz direkt am Colorado River und vor allem einen kompletten Supermarkt. Zumindest das Mittagessen (oder Abendessen?) für heute solltest du mitnehmen, in den folgenden Dörfern bis Wickenburg gibt es nicht so ganz viel zu kaufen. Dafür hat sich die Wasserschlepperei erst mal erledigt, auf der folgenden Strecke kannst du alle 20- 30 mls „ auftanken".

In Hope gibt es einen sehr schönen Campingplatz, mit Waschmaschinen und Tankstellensupermarkt! Das nächste Motel steht 7 mls weiter in Salome, dann wieder in Aguila, nach 34 mls. Wer schon einmal den Film „Out of Rosenheim" gesehen hat, wird auf den folgenden Meilen einiges wieder erkennen. Der Film ist hier in der Nähe gedreht worden.

Schon seit 11 Uhr baut sich im Osten eine grauschwarze Wand auf, die nichts Gutes verheißt. Ich entschließe mich aber, weiterzufahren.10 mls nach Vicks-

burg bekomme ich plötzlich Gegenwind, dann setzt der Regen ein. Es sind dicke Tropfen, wie bei einem Gewitterschauer, und nach etwa 15 min. hört der Regen wieder auf, es war gerade genug, um die Straße nass zu machen. Als ich in Hope ankomme, ist alles wieder trocken. Hope besteht im Wesentlichen aus einer Tankstelle und einem Campingplatz. Während meiner Tankstellenpause erzählen mir die Autofahrer, die aus östlicher Richtung kommen, regelrechte Horrorgeschichten: Dort hat der Regen in den vergangenen 2 Stunden sämtliche Straßen überflutet. Ich entscheide mich schließlich, auf dem Campingplatz gegenüber zu bleiben. Der Platz ist schön angelegt, mit sauberen Duschen und Waschmaschinen und kostet nur 7, 50 US $ pro Nacht.

Hope - Lake Pleasant, 94 mls

Von Hope geht es leicht bergauf, bis nach Salome. Hier gibt es 2 Motels, Sheffler's am Ortseingang und noch eines ohne Namen weiter rechts in einer Seitenstrasse. Hier kannst du auch noch mal Wasser auffüllen und Proviant für die nächsten 54 mls kaufen. Abgesehen von Tankstellen und Miniläden gibt es bis Wickenburg keine ernstzunehmende Einkaufsmöglichkeit. Nach Wickenburg bin ich dann noch für 10 mls auf Hwy 60 geblieben, um dann auf Hwy 74 Richtung Lake Pleasant einzubiegen. An diesem See gibt es mehrere Campingplätze, Bootsrampen usw.. Die Campingplätze sind mit Duschen und Trinkwasser ausgestattet und die Plätze haben alle eine Feuerstelle und einen überdachten Picknicktisch, auf dem es sich auch gut schlafen lässt!

Als ich morgens in Hope losfahre, ist der Himmel wolkenlos blau, jetzt habe ich auch wieder einen Blick für meine Umgebung: Der Boden geht ganz langsam von gelblichen Tönen ins Rote über, jenes Braunrot, das wir mit Wüste, Grand Canyon, eben mit Arizona, assoziieren. Bis Wickenburg geht es kaum spürbar bergauf, danach leicht bergab. Bis zum Lake Pleasant sind noch 2 Wellen zu fahren, die sind aber auch von der milderen Sorte. Nachmittags ändert sich das Wetter, südlich und östlich von mir baut sich eine grau-schwarze Wand auf. Im Radio werden stündlich Unwetterwarnungen herausgegeben. Das verheißt nichts Gutes, Gewitter werden hier nicht umsonst „Thunderstorms" genannt. Ich versuche, so schnell wie möglich zum Lake Pleasant zu kommen. Der See selbst liegt etwa 50 Meter unterhalb des Platzes, offensichtlich gab es hier auch schon mal mehr Wasser. Auf dem Campingplatz gibt es überdachte Picknicktische, die auch gut als Schlafplatz zu benutzen sind, und massive Toiletten- und Duschhäuser, sozusagen als letzte Rettung. Das Gewitter tobt sich erst mal südlich und östlich von mir aus, ich sehe die Blitze in den Wolken und höre auch mal ein entferntes Donnergrollen. Später kommt dann der Wind dazu, der schnell bis auf Sturmstärke anschwillt. Die ganze Aktion dauert etwa 1,5 Stunden. Zwischendurch zieht das Gewitter mit Hagel und Regen auch über „meinen" Campingplatz und nimmt alles mit, was nicht irgendwo befestigt ist. Mein Zelt hatte ich in Erwar-

tung des Sturms erst gar nicht aufgebaut. Den Rest der Nacht, die mit einem sternenklaren Himmel endet, schlafe ich auf einem überdachten Campingtisch.

Lake Pleasant - Apache Junction, 84 mls

Über diese Etappe gibt es nicht viel zu erzählen, sie besteht im Wesentlichen aus der Innenstadt von Phoenix. Die Straßen in Phoenix sind rechtwinklig in Nord- Süd und West- Ost- Richtung angeordnet und fast alle sind „fahrradgängig". Die Durchfahrt ist also nicht so schwer, dauert aber einige Stunden. Wenn du früh genug in Apache Junction bist, kannst du noch bis zum Lost Dutchman State Park weiterfahren, was nochmal 14 mls sind. Wenn du nicht mehr fahren magst, in Apache Junktion Richtung Florence/ Superior gibt es ein Motel rechts der Strasse und ca. 1 ml weiter an Hwy 60 einen KOA- Campingplatz, sehr sauber und ordentlich, mit Swimmingpool, für „nur" 21 Dollar pro Nacht.

Heute ist der 11. 09. 02, der Jahrestag des Terrorangriffs auf das WTC. Entsprechend gedrückt ist die Stimmung, alle Flaggen hängen auf Halbmast. Im Radio gibt es Berichte und Diskussionen über das, was sich vor einem Jahr ereignet hat. Die Musiksender haben nur getragene Musik in ihrem Programm. Überall ist es zu spüren: Dieser Terrorakt hat Amerika tief ins Herz getroffen! Zu dieser allgemein bedrückten Stimmung kommt noch der Lärm der Kampfflugzeuge, die unentwegt über der Stadt fliegen. In den Vororten haben alle Bewohner die „Stars and Stripes“ an ihren Häusern befestigt. Wer noch keine US- Flagge für sein Fahrzeug hat, kann sich eine bei den zahlreichen „Straßenhändlern“ an den Kreuzungen kaufen . Nach der vierten Kreuzung habe auch ich eine kleine Flagge an meinem Gepäckträger. Später überholt mich noch ein Motorradkorso mit etwa 100 Fahrzeugen. Überholen ist eigentlich nicht das richtige Wort , sie fahren mit etwa 10- 20 mls/ h an mir vorbei, wie in einem Trauerzug für einen gestorbenen Motorradfahrer. Weil ich zeitweise mit der gleichen Geschwindigkeit in die gleiche Richtung fahre, „adoptieren“ sie mich in ihre Gruppe.

Apache Junction - Roosevelt, 57 mls

Diese Etappe besteht im Wesentlichen aus einer 22 mls/ 30 km langen Schotterstraße. Es geht entweder 5- 10% bergauf oder bergab, du brauchst also entweder den 1. Gang oder die Bremse!
Doch schön der Reihe nach! Vom Campingplatz in Apache Junction fährst du ca. 2 mls zurück bis Jct 88, auf diesem Highway bleibst du dann. Nach ca. 8 mls kommst du an der „Lost Dutchman Goldmine“ vorbei. Diese „Ghosttown“ ist sehr touristisch, aber auch sehr liebevoll restauriert und absolut sehenswert! Der große freie, schattenlose, staubige Platz links vor dem Bahnübergang ist der Campingplatz, dessen Hinweisschild du in

Apache Junction bestimmt gesehen hast. Zum Zelten taugt dieser Platz überhaupt nicht! Wenn du hier genug gesehen hast und wieder auf der Straße bist, bekommst du einen Vorgeschmack auf den Rest des Tages. Nach ca. 3 mls wird es ernst. In Tortilla Flat, einem Dorf, das aus 2 Kneipen und einer Post besteht, kannst du noch mal Wasser auffüllen. Bald danach passierst du das Schild „no Pavement next 22 mls", dann bekommst du deine Schotterpiste! Ich habe anfangs versucht, mit normalem Reifendruck, 5 bar bei 1,75" Reifenbreite zurechtzukommen. Mit Fahren hatte das aber nicht mehr viel zu tun, die Reifen sinken einfach zu tief in den Boden ein, Lenken ist zeitweise unmöglich. Mit 2,5 bar fährt es sich viel besser, der erhöhte Rollwiderstand ist bei dem Untergrund zweitrangig. Mit diesen 30 km Schotter solltest du erst mal eine Weile beschäftigt sein, die nächste „Tränke " steht ca. 1 ml hinter Jct. 188, am Visitorcenter. Der nächste Campingplatz ist 6,5 mls auf Hwy 188, das nächste Motel 10 mls auf Hwy 88, in Roosevelt.

Die Sandpiste windet sich die Berge herauf und herunter, phantastische Aussichten wechseln mit steilen Abfahrten ab. Manchmal gibt es auch beides gleichzeitig. Über allem steht die Sonne und heizt die Wüste um mich herum bis auf 45° C auf. Der vom Wind aufgewirbelte Staub verbindet sich mit meinem Schweiß zu einer schmierigen Schicht auf Haut und Kleidung. Die Steigungen sind teilweise brutal, die Gefällestrecken sind immer zu kurz! Nach etwa 5 mls sehe ich den Apache Lake, den ersten von 3 Stauseen, die nur durch ihre Staumauern voneinander getrennt sind. Der See liegt links von mir, etwa 100 Meter tiefer. Das „Ufer" fällt fast senkrecht ab. Später komme ich noch an einigen Campingplatzeinfahrten vorbei. Nach insgesamt 22 Meilen Piste und ca. 10 Meilen Asphalt bin ich am „Lake Roosevelt Visitor Center" und lege eine Pause mit Wasser, Cola und Keksen ein, mehr gibt es dort nicht. Ich fühle mich wie nach 200 Km auf dem Rennrad und beschließe, den Tag im nächsten und einzigen

Motel in Roosevelt City, etwa 20 Meilen weiter, ausklingen zu lassen. Die Straße dorthin ist hügelig, aber wesentlich dezenter als der Apache Trail, vor allem ist sie asphaltiert!

Roosevelt - Thatcher, 97 mls

Ab Roosevelt geht es erst mal bergauf, zuerst gemächlich, später bis zu 9 % , insgesamt ca. 12 mls. Danach kannst du erst 7- 9 % bergab rollen , später geht es auf fast ebener Strecke bis nach Globe weiter. Dort kannst du entscheiden, ob du den kurzen Weg nach Tucson nimmst (Hwy 77, 110 mls) oder den längeren Weg (Hwy 70/ 191/ I-10, 232 mls). Ich habe den längeren Weg genommen. In Globe, spätestens in Peridot solltest du genug Wasser auffüllen, um bis Bylas über die Runden zu kommen. Die Entfernungen von einem Dorf zum anderen sind überschaubar, trotzdem ist es recht heiß und es gibt keinen Schatten. Ab Fort Thomas kündigen sich langsam die „Großstädte" Thatcher und Safford an. Wenn du keine Lust auf eine Motelnacht hast, kannst du in Thatcher in Fahrtrichtung nach Safford auf der rechten Seite im „Red Lamp Mobil Home & RV-Park" für 10 US $ übernachten. Abgesehen von Grasflächen für dein Zelt gibt es dort saubere Duschen, Waschmaschinen und einen Swimmingpool, der aber mal dringend gereinigt werden müsste. Einkaufen kannst du gegenüber im K- Mart.

Thatcher - Benson, 89 mls

Du kannst in Thatcher oder in Safford einkaufen, danach wird es für die nächste Zeit einsam und warm. Nach 34 mls fährst du auf die I- 10, die nächste Einkaufsmöglichkeit ist in Willcox, dort gibt es auch jede Menge Motels. Nach Willcox hast du nur noch eine nennenswerte Steigung mit einer phantastischen Aussicht vom Rastplatz, danach geht es fast nur noch bergab. In Benson gibt es wieder jede Menge Motels und RV- Parks. Wenn du campen willst, nimm auf jeden Fall Exit 302 (KOA Camp). Der Platz liegt sehr ruhig außerhalb der Stadt und ist äußerst ordentlich, er kostete 2002 18 US $ pro Nacht. Im Vergleich mit den 2 anderen Plätzen in der Stadt, die entweder „verkehrsgünstig" zwischen Eisenbahn und I- 10 liegen oder etwas verwahrlost aussehen, manchmal auch beides, bist du hier recht gut aufgehoben.

Abstecher: Tombstone, Bisbee, Agua Prieta, 76 mls one way

Willst du eine Zeitreise in den Wilden Westen unternehmen? Dann nimm Exit 304 auf Hwy 80 nach Tombstone. Der Kern der 1879 gegründeten Stadt ist in den 70er Jahren komplett restauriert worden. Vor den Geschäften und Saloons verlaufen die hölzernen und meistens überdachten Sidewalks. Auch neuere Häuser haben die gleiche Holzfassade wie die historischen Gebäude. Die

einzige Konzession an die Neuzeit besteht in der asphaltierten Hauptstraße und den Autos, die dort umherfahren.
Hier hat sich am 26. Oktober 1881 vor dem „O. K. Corral“ die berühmte Schießerei zwischen Wyatt Earp und Doc Holliday auf der einen und Bill Clanton sowie den McLaury- Brüdern auf der anderen Seite abgespielt. Die Folgen dieses Duells sind auf dem historischen Teil des örtlichen Friedhofs zu betrachten ...
Wenn du den Western „Tombstone“ gesehen hast, wirst du einiges wiedererkennen. Der Film „Wyatt Earp“ mit Kevin Kostner ist zu einem großen Teil hier in der Nähe gedreht worden. Die auffälligsten Gebäude sind das Courthouse und das „Birdcage Theater“. Letzteres „Institut“ glänzte weniger durch künstlerisch wertvolle Theateraufführungen, es war vielmehr der Hauptstützpunkt des horizontalen Gewerbes in Tombstone. Heute ist das „Birdcage Theater“ gleichzeitig der größte Saloon der Stadt und Heimatmuseum mit einigen interessanten Exponaten aus früheren, wilderen Zeiten.
Tombstone war ganz am Anfang eine Minenstadt, genau wie in Bisbee wurde hier Erz abgebaut. Die Aussicht auf schnellen Reichtum hat natürlich eine Menge Glücksritter und andere gescheiterte Existenzen angezogen. Der historische Teil des örtlichen Friedhofs ist gegen eine geringe Spende zugänglich. Tombstone war wohl eine gefährliche Gegend. Die Todesursachen, die auf den Grabmalen angegeben sind, lauten meistens „shot, shot by Indians, poisoned, executed, executed by mis-

take“ oder einfach: „murdered“. Hier sind die wenigsten einen natürlichen Tod gestorben.

Heutzutage ist Tombstone absolut friedlich, abends kannst du unbehelligt zwischen den Saloons und Restaurants hin und her laufen. Während der Feriensaison gibt es an jedem Abend der Woche in einem der 3 Saloons Livemusik in wechselnder Qualität. Tagsüber kannst du an historischen Stadtführungen (stilecht in einer Postkutsche) teilnehmen und auf der Freiluftbühne werden berühmte Schießereien des Westens nachgespielt. Vieles ist etwas kommerziell, aber durchaus sehenswert.

Übernachten kannst du für 20 US $ pro Nacht (inklusive Shuttle- Service in die Stadt!) auf dem KOA-Campingplatz etwa 1 Meile außerhalb Tombstone Richtung Benson. Dort gibt es nicht nur Zeltplätze, sondern auch Campinghütten. Die Preise der zahlreichen Motels und Hotels in der Stadt sind genauso überhöht!

Wenn du noch mehr historische Gebäude sehen willst, kannst du 24 mls weiter südlich, nach Bisbee, fahren. Die Stadt besteht im Wesentlichen aus alten, viktorianischen Holzhäusern, Cafés und vielen verwinkelten Gassen. Das Bergbaumuseum am Südende der Stadt ist besonders sehenswert. Etwas außerhalb, direkt am Hwy 80, kannst du eine riesige Tagebaugrube besichtigen.

Hier wird immer noch Erz abgebaut. Die Stadt verdankt ihren Reichtum von Beginn an dem Erzabbau.
Wenn du noch weiter nach Süden willst, dann kauf in Benson noch mal ein, die nächste Stadt ist Douglas an der Grenze nach Mexiko, etwa 25 mls südlich von Bisbee. Bis dahin fährst du fast nur durch die Wüste. Die Sonne ist gnadenlos heiß und du wirst mit vielen kleinen, aber gemeinen Steigungen beglückt. Campingplätze gibt es keine, du kannst in der Wüste zelten, oder in Douglas im Motel schlafen. Agua Prieta jenseits der Grenze ist eine typische mexikanische Grenzstadt. Hier gibt es viel Staub und Armut. Falls du einen Abstecher nach Mexiko machen willst, überquerst du hier die Grenze zwischen der ersten und der dritten Welt.

PANAMERICANA
ALTO

Benson - Tuscon, 60 mls

Vom Campingplatz nimmst du die erste Auffahrt zur I-10 West. Die Frontage Road verdient ihren Namen nicht, sie endet ohne Vorwarnung nach ca. 2 mls. Bis nach Tucson geht es jetzt tendenziell leicht bergab, meistens weht der Wind aus östlichen Richtungen, du wirst wahrscheinlich recht zügig vorwärts kommen. Kurz vor Tucson, Exit 279, kannst du die Colossal Caves besichtigen, ein wahrhaft kolossales System von Tropfsteinhöhlen. Vergiss nicht, eine Jacke mitzunehmen, es ist auch im Sommer reichlich kühl in den Höhlen.

Wenn du der Straße nach Tucson folgst (Old Spanish Trail), kommst du zum Saguaro Natinal Monument. Auf einem 8 mls Scenic Loop siehst du gigantische Saguaros und andere Kakteen, Klapperschlangen und weitere Wüstenbewohner. Für Technikfreaks gibt es das Pima Air & Rocketmuseum (Exit 275 Pima Airfield/ Fairgrounds).

Dort ist unter anderem eine Ausstellung über die Eroberung des Weltraums. Die erste Präsidentenmaschine Airforce 1 ist von außen und von innen zu besichtigen. Du erlebst die Anfänge und Highlights der Fliegerei bis zum ersten Flugzeug, das dauerhaft mit 3-facher Schallgeschwindigkeit fliegen konnte.

Westlich von Tucson kannst du die San Xavier Mission besichtigen. Sie ist eine der ältesten erhaltenen Missionskirchen (ca. 3 mls auf Hwy 86 Richtung Three Points/ Sells). Auf dem Weg dorthin kommst du an einem Sportflughafen vorbei. Dort kannst du Rundflüge und Tandem- Fallschirmsprünge unternehmen.

Weiterhin gibt es noch „Old Tucson", eine ehemalige Westernfilmkulisse, die heute einen Freizeitpark beherbergt. Im Gegensatz zu Tombstone hat diese Kulisse aber nichts mit der Realität des alten Westens zu tun.

Nördlich davon findest du das „Arizona- Sonora Desert Museum", ein Zoo, in dem die Wüstenbewohner in ihrer natürlichen Umgebung beobachtet werden können.

Das ist absolut sehenswert, nimm dir einen Tag Zeit dafür!

Unterkünfte gibt es in Tucson natürlich massenhaft, leider vorzugsweise in Airportnähe, etwa 5 mls von Downtown. Campingplätze existieren auch und es werden immer mehr, die sind aber noch weiter außerhalb und „verkehrsgünstig" nahe der I- 10 gelegen. Essen und Trinken kannst du in den üblichen „Instituten", Burger King usw.. Du kannst aber auch mal am Universitätsgelände „cruisen", dort gibt es viele kleine Restaurants, die einen Besuch wert sind, „Gentle Ben' s“ ist die beste Adresse für vernünftiges Essen zu fairen Preisen und sehr bekannt.

In Tucson besuchte ich Bruce. Ich lernte ihn und seine Frau 1996 während eines „Tankstopps“ auf Hwy 191, ca. 40 mls vor Hanagan Meadows kennen. Ich befüllte damals gerade meine Trinkflaschen und die Beiden tankten ihr Motorrad auf, sie waren auf einer Wochenendtour durch die Berge. Während des Tankens kamen wir ins Gespräch über die Aussichtspunkte an der Straße, und es gibt eine Menge davon. Das Gespräch endete mit der Aufforderung an mich, die Beiden in Tucson zu besuchen, wenn ich in der Nähe bin. Seitdem bin ich dort während meiner Touren durch die USA regelmäßig für einige Tage zu Gast. In diesem Jahr haben wir mit einem weiteren Bekannten und seinem Allrad-Pickup eine Tour durch das Gebirge südöstlich von Tucson unternommen. Wir sind bis auf etwa 4500 ft. Höhe durch ausgetrocknete Flussbetten

und über „Mule- Tracks" gefahren. Bis vor 70 Jahren wurde hier noch Gold geschürft, die Mineneingänge sind überall noch zu sehen. Zum Teil gehen Hobbyschürfer noch in diese Stollen und suchen dort ihr Glück. Wir kamen auch an den Ruinen eines Goldgräberdorfes vorbei. Die wenigen erhaltenen Mauerreste bestehen aus Natursteinen und wurden mit Mörtel, der die rote Farbe des Wüstensandes hat, vermauert.

Der Abflug aus Tucson war sehr einfach und ging schon fast zu schnell, nachdem ich dort 3 Tage bei Bruce und Mary „sesshaft" war. Ich musste nur die „Campbell Av." suchen, in südlicher Richtung fahren und den „Airport" Schildern folgen. Nach etwa 15 min. war ich schon am Flugplatz, für meinen Geschmack ging das entschieden zu schnell. Der Flugplatz ist klein und übersichtlich, das Einchecken ist entsprechend unkompliziert. Die letzten vier Wochen kamen mir auf einmal wie eine einzige Sekunde vor, eigentlich wollte ich noch nicht nach Hause. Nach dem Start konnte ich noch mal einen letzten, wehmütigen Blick auf „meine" Wüste werfen, bevor es dann endgültig Richtung Heimat ging.

Zum Schluss noch ein Dankeschön an die Firmen:

R. Bohle GmbH	www.schwalbe.com
Radhaus Büren	www.sport x-trem.de
Magura	www.magura.com

die mich bei dieser Tour mit hervorragendem Material unterstützt haben.
Ein ganz spezieller Dank an Bernadette und an meine Eltern, die während meiner Touren immer die „home front“ halten. Ich bin immer nur kurzzeitig (4 Wochen) unterwegs, aber auch dann gibt es einige Dinge, die von unterwegs nicht erledigt werden können. Dann ist es gut zu wissen, dass ich drei fähige „home manager“ habe!